KB273747

대통령의 스피치

마음을 움직이는 공감 스피치의 힘

양희문 지음

메디치

사랑하고 존경하는 국민 여러분, 붉은 말의 해, 병오년 새해가 밝았습니다.

지난해 정부를 믿고, 함께 위기의 파도를 건너 주신 우리 국민 여러분께 감사의 말씀부터 전합니다.

허물을 벗고 다시 태어나는 '푸른 뱀'의 해, 을사년은 우리 모두에게 걱정과 불안을 이겨낸 회복과 정상화의 시간이었습니다. 내란으로 무너진 나라를 복구하는 일이 무엇보다 시급했습니다.

신속한 추경, 민생 회복 소비 쿠폰이 제 역할을 톡톡히 해내며 소비심리는 7년 7개월 만에 최고 수준을 회복했고, 경제성장률 또한 상승 추세입니다. 주식시장은 코스피 4,000을 돌파했고 수출은 연간 7,000억 달러의 새로운 기록을 세웠습니다. 우려 섞인 좌절이 기대 섞인 전망으로 전환되고 있습니다.

어렵게 확보한 GPU 26만 장, 150조 원에 달하는 국민성장펀드, 여야가 합의한 'AI시대의 첫 예산안'은 첨단산업과 중소벤처기업 발전을 뒷받침할 중요한 발판이 될 것입니다.

〈중략〉

올 한 해 국민주권정부는 국가가 부강해지면 내 삶도 나아지느냐'는 우리 국민들의 절박한 질문에 더욱 성실하게 응답하겠습니다.

지나간 7개월보다 앞으로의 4년 5개월이 더 기대되는 정부가 되겠습니다.

'천리 길도 한 걸음부터'라는 각오로 작은 변화의 성과들을 하나하나 눈덩이처럼 키워나가겠습니다. 당장의 성과가 보이지 않는 개혁의 과정도 피하지 않겠습니다. 미래를 위한 인내심과 진정성으로 머리를 맞대고 지혜를 모으겠습니다.

이 모든 지난하고 위대한 과업이 국민 통합과 굳건한 국민의 신뢰 위에서만 가능하다는 점을 잘 알고 있습니다. 국민 모두의 대통령'으로서 더욱 겸손한 자세로 국정에 임하겠습니다.

절망의 겨울을 희망의 봄으로 바꿔내신 우리 국민들의 그 저력을 믿습니다. 나라의 주인인 국민께서, 대한민국의 미래를 향한 여정에 함께해 주십시오. 지난해 힘을 모아 민주주의의 새로운 이정표를 세워낸 깃처럼, 이제 전 세계가 따라 배울 '성장과 도약의 새로운 표준'을 함께 만들어 냅시다.

대한민국 대도약, 결국 국민이 합니다! 고맙습니다.

차 례

말의 공공성을 다시 생각하다

더불어민주당 대선 경선 때 이 책의 저자에 대해 처음으로 얘기를 들었다. 나와 가까운 지인이 경선 후보 연설회 때 했던 내 연설에 대한 평가와 조언을 저자에게 부탁하면서 나도 모르게 저자와의 인연이 시작되었다. 일면식도 없는 분이 보내온 평가가 다음 연설에 적지 않은 도움이 되었다. 그렇게 시작된 인연이 고마움을 전하기 위한 만남으로 이어졌고, 저자는 지금도 '스피치'와 관련해 크고 작은 조언을 해주고 있다.

이 책이 던지는 첫 질문, "당신의 말은 왜 설득되지 않는가?"는 저자가 내게 던진 질문이기도 하다. 청중은 정보의 정확성을 따지기 전에, 그 말이 자기 안에서 어떤 감각을 일으키는지 먼저 느낀다는 지적은 나를 한동안 고민하게 만든 화두였다.

청중의 마음을 움직이게 하려면, 먼저 말하는 사람 스스로 말에 감정이 담겨야 한다고 했다. '감정 발성'이라는 표현을 쓰기도 했다. 그 감정을 표현하기 위해 사전에 치밀하게 준비하고 노력할 것을 요구했다. "베테랑 성우도 대본에 표식을 하는데 정치인들은 연설문에 표식을 하지 않는다"고 질타했다. 기본이 중요하다는 것이다. 호흡, 강세, 멈춤 등등 표식을 하고, 효과적으로 감정을 전할 수 있도록 준비하는 것은 청중에 대한 기본 예의라는 것이다. 늘 그렇지만 기본을 지키는 것이 쉬운 일이 아님을 새삼 깨닫게 된다.

저자는 "정치인의 말은 개인의 말이 아니라 공동체의 언어다. 그 말이 경제의 온도를 바꾸고, 국민의 마음을 위로하거나 흔들기도 한다"고 강조했다. 공적 언어는 그만큼 사회 전체에 미치는 영향도 크다는 것이다. 깊이 공감했다. 정치가 해야 할 일은 복잡한 현실을 단순하게 '축소'하는 것이 아니다. 국민이 이해할 수 있는 언어, 느낄 수 있는 말로 '번역'해 내는 일이다. 정치가 그래서 어려운 일일지도 모른다.

이 책이 값진 까닭은 스피치의 핵심을 "말의 공공성"에서 찾기 때문이다. 개인의 언어가 아니라 공동체의 언어, 한 사람의 감정이 아니라 사회의 감정을 다루는 스피치. 그 언어가 흔들릴 때 사회도 흔들리고, 단단할 때 사회도 버틴다는 말은 공적 언어가 무엇을 붙들어야 하는지 정확히 가리킨다. 지금처럼 짧은 영상과 잘린 문장이 여론을 흔드는 시대에는, '전달'의 정확성이 곧 '신뢰'의 정확성이 될 것이다.

정치의 목적이 결국 국민과의 관계라면, 말은 그 관계를 잇는 가장 중요한 다리다. 《대통령의 스피치》가 정치인들에게는 훈련의 지침서이자 성찰의 거울이 되고, 시민들에게는 삶의 품격을 높이는 기준이 되기를 바란다. 말은 순간에 태어나지만, 제대로 다듬어진 말은 오래 남아 세상에 영향을 미친다. 이 책이 우리 사회의 말이 조금 더 단단해지고, 정치의 언어가 조금 더 따뜻하고 정확해지는 데 필요한 이정표가 되어 주기를 희망한다.

김경수

지방시대위원회 위원장

삶을 단단하게 만드는 언어 교과서

정치는 결국 '말'로 하는 일입니다. 말 한마디가 위기를 진정시키기도 하고, 말 한마디가 불신을 키우기도 합니다. 이 책은 대통령의 말을 기술이 아닌, 태도와 책임의 관점에서 다루고 있습니다.

저자가 "스피치는 감정의 발산"이라고 정의한 것처럼, 정치인의 말은 개인의 감정 표출을 넘어 국민의 감정 속으로 뛰어드는 과정입니다. "발성은 감정의 농후함"이라는 표현도 예리합니다. 정치인의 말은 '크게'가 아니라 '깊게' 전달되어야 한다는 점을 여실히 보여줍니다.

무엇보다 대통령의 말은 결코 개인의 말이 아닙니다. 국가의 존립을 나타내고 사회의 상태를 규정하며, 국민의 마음을 움직입니다. 그렇기에 공감 없는 설득은 위험합니다. 먼저 공감하지 않으면 말은 그저 상대를 짓밟기 위한 무기에 불과합니다. 거칠어진 언어는 공동체를 파괴하고 맙니다.

사람의 품격은 직함에서 나오는 게 아닙니다. 태도에서 나오기 마련입니다. 진정한 스피치 교육은 자신의 감정을 정직하게 보고, 그 감정이 타인에게 어떻게 와닿는지 다듬는 훈련입니다.

국회 연단에서든, 회사 회의실에서든, 집 식탁에서든 말은 관계를 정립하고 공동체를 지탱합니다. 《대통령의 스피치》는 정치인의 교본이자 우리의 삶을 더 단단하게 만드는 언어 교과서가 될 것입니다.

윤건영
국회의원

말의 품격은 삶의 품격이다

'사우'(師友)란 말이 있습니다. 스승 같은 벗이란 뜻이지요. 내게는 저자가 그런 사람입니다. 노무현 대통령은 말로 글을 쓰는 분이었습니다. 충분히 말해 보면 어떻게 써야 할지 아셨지요. 그분에게 말하기는 '소리로 쓰는 글쓰기'였습니다.

33년 성우 인생을 걸어온 저자는 거기서 한 걸음 더 나아갑니다. 말은 정보 전달 이전에 '표현'이고, 그 표현의 심장에는 '감정'이 뛰고 있다고요. 무릎을 쳤습니다. 라디오 드라마처럼 오직 소리로만 세계를 세우려면, 그 소리는 정보가 아니라 상상을 낳는 씨앗이어야 한다는 말이 설득력 있게 다가왔습니다. 글이 생각을 정리해 문장의 뼈대를 세우는 일이라면, 스피치는 그 문장에 감정의 온도를 입혀 사람에게 닿게 만드는 일인 셈입니다.

여기서부터 글쓰기와 스피치의 관계가 또렷해집니다. 글쓰기가 '무엇을 말할지'를 정하는 일이라면, 스피치는 그것을 누군가에게 '어떻게 남길지'를 결정합니다. 같은 문장도 누가 어떻게 말하느냐에 따라 칼이 되기도 하고 약이 되기도 합니다. '문장은 결국 감정의 운반체'이기 때문입니다. 특히 발성조차 단지 소리를 키우는 기술이 아니라 '감정의 농후함'이라는 저자의 정의는, 스피치를 말의 기술이 아니라 삶의 태도로 다시 세워줍니다.

스피치가 글쓰기만큼 중요한 이유는 간단합니다. 말이 현실을 바꾸기 때문입니다. 대통령의 말은 개인의 말이 아닙니다. 국가의 상태를 드러내고 사회의 표정을 규정하며, 위기 속에서 사람들의 호흡을 하나로 맞추는 공적인 도구입니다. 대통령의 말 한마디가 경제의 온도를 바꾸고 외교의 기류를 흔들며, 국민의 마음을 위로하거나 때론 흔들기도 한다는 대목을 읽으면 '말'이 얼마나 무거운 힘을 갖는지 절감하게 됩니다.

이 책이 필요한 사람은 정치인만이 아닙니다. 회의실에서, 강단에서, 혹은 가정의 거실에서 내 말이 누군가에게 기억되게 하고 싶은 사람 모두에게 필요합니다. 특히 품격을 고민하는 사람이라면 더 그렇습니다. '당신의 품격은 스피치로 드러난다.'는 저자의 언명은, 말하기를 '이미지 관리'가 아니라 '사람됨의 구현'으로 돌려놓습니다. 그래서 저자는 "품격을 올리려면 스피치 교육을 받아야 한다"라고까지 말합니다. 그 교육은 말투를 복제하는 기술이 아닙니다. 자기 안의 감정을 정직하게 바라보고, 그것을 타인에게 닿는 형태로 다듬는 인생의 훈련입니다.

《대통령의 스피치》는 화려한 수사를 가르치는 책이 아닙니다. 한 사람의 언어를 넘어 공동체의 언어를 고민하게 하고, 개인의 감정을 넘어 사회의 감정을 다루는 철학을 보여줍니다. 우리는 모두 누군가에게 말을 건네며 삽니다. 그리고 그 말은 누군가의 삶을 송두리째 바꿀 수도 있습니다. 말이 곧 삶이라면, 말의 품격은 곧 삶의 품격입니다.

이 책을 덮고 나면 당신은 글을 쓰듯 말을 고르게 될 것입니다. 그리고 말을 고치듯 글을 다시 쓰게 될 것입니다. 그렇게 당신의 말이, 당신의 삶이, 누군가의 가슴에 조금 더 오래 남기를 바랍니다. 세상의 기류를 바꾸는 힘은 멀리 있지 않습니다. 지금 당신의 입술 끝에 머물러 있습니다.

강원국
《대통령의 글쓰기》 작가

당신의 말은 왜 설득되지 않는가?

생각은 분명했고 논리도 충분했는데, 돌아서면 아무도 그 말을 붙잡지 못한다. 회의실에서도, 강단에서도, 가정에서도, 심지어 역사 앞에서도 그렇다. 말은 순간에 태어나고 순간에 사라진다. 그럼에도 어떤 말은 오래 남는다. 한 사람의 인생을 바꾸고, 한 공동체의 방향을 바꾸고, 한 시대의 표정을 바꾼다. 그 차이는 어디에서 생기는가.

나는 외화 더빙과 애니메이션 더빙(연기), 광고와 다큐멘터리 내레이션을 해오며 수많은 '말'을 직업으로 살아왔다. 그러나 성우의 정체성을 한 문장으로 말하라면, 결국 라디오드라마 연기라고 답하게 된다. 라디오드라마는 매체의 특성상 오로지 소리로만 전달해야 한다. 청취자는 눈으로 보지 못한다. 귀로만 듣는다. 그러니 소리는 단순한 정보가 아니라 상상(시각)을 낳는 씨앗이어야 한다. 그 씨앗이 잘 심어지면 청취자 안에서 장면이 피어난다. 인물이 걸어 들어오고, 표정이 떠오르고, 공기의 온도와 거리의 냄새까지도 만들어진다. 소리 하나로 눈앞의 세계를 세우는 일, 그것이 라디오드라마가 요구하는 섬세함이다.

화가가 붓으로 그림을 그리듯, 작가가 글로, 연주자가 악기로, 성우가 소리로 그림(표현)을 그린다. 도구가 다를 뿐 실은 모두 '그리는 일'을 한다. 이 사실을 오래 품고 살다 보니, 스피치에 대해 생각할 때마다 나는 말이 '전달' 이전에 '표현(태도)'이라는 결론으로 되돌아오곤 했다. 그리고 표현의 핵심에는 언제나 감정이 있다. 라디오드라마 연기를 할 때 표현해 보여줘야 했던 라디오드라마 성우들이 그리는 일(표현), 즉 감정에 특화된 것은 지극히 당연한 일이다. 보이지 않는 세계를 보이게 만드는 힘은 결국 감정의 밀도에서 나오기 때문이다.

수많은 말들은 빠짐없이 감정을 담아야 비로소 말이 될 수 있다. 감정을 실어 날라 주고받아야 말인 것이고, 주고받은 말로 교감을 일으켜야 말의 목적인 소통(교감)이 가능해진다. 그러니 감정을 담아 실어 나르는 일을 익힌 성우가 스피치에 최적화될 수밖에 없다. 스피치의 재료는 말이다. 말의 재료는 음가를 넘어 감정이라 할 수 있다. 역으로 말하면 감정이 말이 되고, 말은 곧 스피치가 되는 것이다.

그래서 나는 단호하게 말하고 싶다. 스피치는 감정의 발산이다.

　여기서 '발산'은 제멋대로 분출하는 소란이 아니다. 감정이 정리되지 않은 상태로 터져 나오는 폭발이 아니라, 감정이 길을 얻어 밖으로 나오는 확산이다. 생각은 감정의 형태를 빌릴 때 사람에게 닿는다. 논리는 감정의 온도를 가질 때 설득이 된다. 같은 문장이라도 어떤 사람의 입에서 나오면 칼이 되고, 또 어떤 사람의 입에서 나오면 약이 되는 이유는, 그 문장이 사실은 감정의 운반체이기 때문이다. 결국 청중은 정보의 정확성을 평가하기 전에, 그 말이 자기 안에서 어떤 감각을 일으키는지 먼저 느낀다. 그리고 그 느낌이 오래 남을 때, 말은 기억이 된다.

　'발성'의 문제로 넘어가보자. 많은 이들이 발성을 단지 소리를 크게 내는 기술로 오해한다. 하지만 내가 현장에서 체득한 바에 따르면, 발성은 감정의 농후함이다. 목소리의 울림, 호흡의 깊이, 자음의 날카로움과 모음의 넓이, 문장 끝의 처리와 침묵(쉼)의 배치까지, 그 모든 것이 감정의 농도를 결정한다. 감정이 옅으면 말은 흐릿해지고, 감정이 진하면 말은 선명해진다. 단어가 또렷하다고 해서 말이 또렷한 것은 아니다. 감정이 또렷해야 말이 또렷해진다. 발성은 그 감정을 물질처럼 다루는 일이다. 감정의 밀도를 조절하고, 감정의 속도를 배치하고, 감정의 방향을 잡아 청중에게 건네는 일이다.

　이 지점에 '대통령의 스피치'를 생각해 보자. 대통령의 말은 개인의 말이 아니다. 한 국가의 상태를 드러내고, 한 사회의 표정을 규정하며, 때로는 위기 속에서 사람들과 호흡을 맞춘다. 대통령의 문장은 경제(시장)의 온도를 바꾸고, 외교의 기류를 바꾸고, 국민의 마음을 위로하거나 흔들기도 한다. 그래서 대통령의 말은 무엇보다 기억되어야 한다. 그리고 기억되는 말은 언제나 감정을 올바른 자리로 데려온다. 분노가 필요할 때 분노를 숨기지 않되 폭력으로 흐르지 않게 하는 말, 슬픔이 필요한 때 슬픔을 인정하되 무력으로 빠지지 않게 하는 말, 희망을 말하되 공허한 낙관으로 속이지 않는 말. 대통령의 스피치는 국가적 감정의 윤곽을 잡는 작업이기도 하다.

나는 이 책에서 대통령의 스피치를 '기술'이나 '수사'로만 해부하지 않으려 한다. 물론 문장 구조와 설득의 장치, 리듬과 반복, 메시지의 프레이밍은 중요하다. 그러나 그 모든 요소는 결국 감정을 어떻게 담고 어떻게 건네는가의 문제로 귀결된다. 스피치는 단순히 생각을 말로 전하는 것만이 아니다. 생각에 담긴 감정을 표현해 전하는 일이다. 표현을 할 줄 알아야 최적의 스피치가 된다. 그러니 표현을 담은 '감정 스피치'여야 완성된 스피치라 할 수 있다. 이것이 내가 33년 성우로 살아오며 얻은 스피치에 대한 이해이자 철학이다. 그리고 나는 그 철학을 대통령의 말이라는 가장 높은 자리의 언어를 통해 정리해 보고자 한다.

또 하나, 우리가 흔히 놓치는 핵심이 있다. 사람의 품격은 스피치로 드러난다는 것이다.

품격은 출신이나 학력, 직함에서 완성되지 않는다. 상대를 대하는 태도, 질문을 듣는 방식, 반대 의견을 수용하는 호흡, 책임을 인정하는 문장, 침묵을 지키는 순간까지, 그 모든 것이 말로 구현된다. 품격은 말의 겉모양이 아니라 말의 결로 나타난다. 말의 결은 곧 감정의 결이다. 말이 거칠면 마음이 거칠게 전달되고, 말이 얕으면 마음도 얕게 닿는다. 품격이란 결국 감정을 품은 채로도 타인을 다치게 하지 않는 힘, 감정을 드러내면서도 공동체를 무너뜨리지 않는 힘이다.

그렇다면 우리는 어떻게 품격을 높일 수 있는가. 나는 도발적으로 말하고 싶다. 당신의 품격을 올리려면 스피치 교육을 받아야 한다.

여기서 교육이란 누군가의 말투를 따라 하거나, 유행하는 화법을 복제하는 일이 아니다. 자기 안의 감정을 정직하게 바라보고, 그것을 타인에게 닿을 수 있는 형태로 다듬는 훈련이다. 호흡을 익히고, 발성을 세우고, 문장을 다루고, 무엇보다 감정을 다루는 법을 익히는 일이다. 말은 타고나는 재능이 아니라, 훈련으로 깊어지는 기술이며 태도다. 우리가 스피치를 익히는 이유는 멋있게 포장하기 위해서가 아니라, 더 정확하게 마음을 전달하고, 더 좋은 관계를 만들기 위해서다.

이 책은 내가 33년 성우를 하면서 느낀 스피치에 대한 이해와 철학을 여러 대통령의 스피치 사례를 통해 정리한 책이다. 대통령의 말 속에서 우리는 '말의 공공성'을 본다. 개인의 언어가 아니라 공동체의 언어로서의 스피치, 한 사람의 감정이 아니라 사회의 감정을 다루는 스피치. 그 언어가 흔들릴 때 사회도 흔들리고, 그 언어가 단단할 때 사회도 버틴다. 그러므로 '대통령의 스피치'를 읽는 일은 단지 정치적 관심사가 아니라 우리가 '어떤 말로 함께 살아갈 것인가'를 묻는 인문학적 질문이 된다.

부디 이 책이 당신의 말이 기억되는 길을 밝히는 작은 등불이 되기를 바란다. 우리는 모두 누군가에게 말을 건네며 산다. 그리고 그 말은 누군가의 하루를, 혹은 한 시대의 방향을 바꿀 수도 있다. 말이 곧 삶이라면, 말의 품격은 곧 삶의 품격이다. 스피치가 감정의 발산이라면, 우리는 그 발산이 타인을 데우는 온기가 되게 해야 한다. 발성이 감정의 농후함이라면, 우리는 그 농후함이 진실로 깊어지게 해야 한다. 그때 비로소 당신의 말은 사라지지 않고, 기억 속에서 오래 살아남을 것이다.

2026년 1월 인사동에서

Part 1

스피치는
기술이 아니라
태도다

01

진심은 훈련될 수 있는가

낮은 자세와 포용의 전략

태도에 담긴 메시지

청중 앞에서 자기의 주장이나 의견을 말하는 것을 스피치라고 한다. 그런 면에서 눈에 보이는 것, 귓속으로 들어오는 것은 모두 스피치다. 그중 하나라도 놓치는 순간이 문제다. 스피치에는 메시지가 담긴다. 주목해야 할 점은 말하는 방법이나 기법으로도 상대를 설득하거나 사람의 마음을 사로잡을 수 있다는 것이다. 사람들이 대통령이나 정치 지도자, 그리고 각종 분야의 리더들의 스피치에 주목하는 이유다. 사람이라면 누구나 약점과 문제가 있기 마련이다. 자신의 문제를 고칠 생각이 있는 사람은 정치인이 되어도 좋을 것이다. 그리고 현재, 정치인이라면 자신의 문제를 고칠 생각을 해야 한다. 그렇다면 화려한 말보다 중요한 것은 무엇일까. 나는 태도라고 생각한다.

소리의 상태나 눈짓이나 모습 속에도 취사선택한 말에 뒤지지 않는 웅변이 있다. 프랑스 작가 라 로슈푸코가 《도덕적 반성》이라는 저서에서 밝힌 말이다. 말소리나 눈짓, 그리고 사람의 표정도 사람의 마음을 움직일 수 있는 메시지가 될 수 있다는 해석과 다르지 않다. 결국 낮은 자세로 포용의 태도를 보인다면 성공적인 스피치의 무기가 될 수 있다.

이재명의 직진과 태도

"안녕하세요. 이재명입니다."

지난 20대 대통령 선거 때 이재명 후보가 직접 전화를 걸어왔었다. 입력된 이름을 보고 내심 놀랐다. 코로나 팬데믹의 여파로 스피치 학원을 폐업한 후 강원도 고성에서 3개월을 지냈고, 이후 영종도에서 1년을 머물 때였다.

"어이쿠, 어떤 일로 전화를 다 주시고."

짧은 안부가 오가고 이재명 후보가 대뜸 내게 물었다.

"발성은 어떻게 해야 하죠?"

스피치에서 발성이란 무엇일까? 목(구멍)을 충분히 열고 내

  대통령의 스피치

는 목소리다. 목소리의 질감이 좋아 듣기 편하고, 호흡의 순환이 순조로워 듣기 좋은 소리가 나는 조건을 갖추는 것이 중요하다. 나이가 들수록 발성이 좋아진다. 오랜 세월 목소리를 사용했다는 것이고, 자연스레 훈련되었다는 뜻이다. 체력상의 이유만 아니라면 나이가 많은 사람들일수록 신기하게도 발성 조건에 부합한다고 보면 틀림없다. 나이가 많은 사람들의 목소리를 들어 보길 권한다. 편해질 것이다.

돌아보면 이재명 후보의 질문은 우회가 아니고 직진이었다. 부분이 아니라 핵심이었다. 그는 지극히 낮은 자세로 내게 물었다. 발성은 어떻게 해야 하는가. 이재명 대표는 학습에 대한 태도나 욕구가 남달랐다. 정치 지도자의 스피치에 대해 가감 없이 모니터해서 문제점을 전하는 일은 당사자에게 매우 가혹한 일이고, 그 내용을 전달하는 사람으로서도 참 곤혹스러운 일이다. 그런 상황에도 불구하고 해야 할 일이었고 서로 감수했던 것 같다. 나는 지난 20대 대선과 달리 이번 21대 대선에서 이재명 후보와의 호흡에 만족한다. 그의 발걸음에 집중하여 같이 걸었고, 그의 시선을 따라 같이 보았고, 그의 생각이 무엇인지 파악하려고 노력했으며, 그의 말에 집중했다. 물론 그의 생각과 다를 때도 있었다. 언론의 호도로 누구나 있었을 선입견도 생겼지만, 대체로 그의 생각에 동의하게 되었다. 선입견이 풀리면서

호흡이 척척 맞아떨어졌다. 경청하고 받아들이려는 태도, 학습하고 문제점을 고치려는 태도가 없었다면 이재명 후보가 대통령이 될 수 없었다고 생각한다.

노무현·김대중의 낮은 자세와 포용 전략

살다 보면 누구나 위기가 닥친다. 그 위기를 어떻게 극복하는가도 중요하다. 자신의 생각과 의지를 굽히고 포용의 자세를 갖추지 않는다면 위기의 극복이 쉽지 않다. 성공한 대통령이나 성공한 사람들의 공통점은 학력이나 학벌이 좌우하는 것이 아니라 태도가 결정했다. 스스로 문제점을 인정하고서 설득하는 태도를 적용한 것이다. 스스로뿐만 아니라 다른 사람들의 문제점을 포용하고 설득하는 태도가 필요하다. 스스로 굽히고 남을 포용하면 진심이 통하는 것이다.

2002년 4월 6일. 새천년민주당 대선 후보 경선은 종반을 향해 치닫고 있었다. 인천전문대 체육관에서 열린 경선에서 '기호 2번' 노무현 후보의 스피치는 격앙된 목소리로 시작되었다. 이인제 후보가 한국전쟁 당시 노무현 후보 장인의 좌익 활동에 대해 정식으로 문제를 제기했었다. 노무현 후보는 위기를 맞이

　　　　　　　　　　　대통령의 스피치

했고 궁지에 몰린 형국이었다.

> 뭐가 잘못됐습니까? 이런 아내를 제가 버려야 합니까? 그렇게 하면 대통령 자격이 있고, 이 아내를 그대로 사랑하면 대통령 자격이 없다는 것입니까? 여러분, 이 자리에서 여러분들께서 심판해 주십시오. 여러분이 그런 아내를 가지고 있는 사람은 대통령 자격이 없다고 판단하신다면 저 대통령 후보 그만두겠습니다. 여러분이 하라고 하면 열심히 하겠습니다.
>
> — 노무현, 2002년 4월 6일, 새천년민주당 대선 경선 연설 중에서

사람이라면 누구에게나 약점은 있다. 그 약점을 쥐고 흔드는 사례를 정치권에서 많이 만날 수 있다. 노무현 후보도 예외는 아니었다. 경선은 막판으로 치닫고 있었다. 판세가 불리했던 이인제 후보는 노무현 후보 장인의 좌익 활동을 문제 삼아 색깔론을 빼 들었다. 노무현 후보는 정면 승부를 선택했다. 그는 연설을 통해 장인이 좌익 활동을 한 것은 분명하고, 해방되는 해에 실명하여 앞을 보지 못했기 때문에 무슨 일을 얼마나 했는지는 모르겠다고 고백했다. 아울러 본인이 결혼하기 훨씬 전에 장인께서 돌아가셨는데, 이 사실을 알고도 아내와 결혼했다고

솔직하게 말했다. 그리고 아이들 잘 키우고 지금까지 서로 사랑하면서 잘 살고 있다고 부연한다. 그리고 청중에게 핵심을 찌르며 묻는다. 이런 아내를 버려야 합니까? 사랑하는 아내를 버릴 수 없다고 주장하면서, '대통령의 자격'을 운운하며 전세를 역전시킨다. 색깔론으로 몰고 가려던 이인제 후보의 주장은 이내 묻히고 말았다. 이념보다는 사랑을 앞세운 노무현의 전략적 선택의 핵심은 포용이었다. 자신의 약점을 솔직히 인정한 후, 장인의 이념을 포용하고, 아내의 처지를 포용했다는 것을 밝힌 후 당당히 역공을 펴는 태도에 지지자들은 환호를 보낼 수밖에 없었다. 노무현의 발언은 당초 준비한 연설 원고에도 없는 즉흥적인 발언이었다고 전한다.

스스로 자신을 낮추고 남을 포용한 사례는 김대중 전 대통령에게도 찾을 수 있었다. 그는 다음과 같은 말을 남겼다.

용서만이 진정한 대화와 화해의 길이다. 정치의 안정은 용서부터 시작해야 한다.
서로 용서하며 대화와 화해를 이루어 나갈 때 이 민족의 고질이자 현재까지 우리의 불행의 최대의 원인인 증오와 보복의 정치는 종장을 고하게 될 것이다.

— 김대중, 1980년 옥중일기 중에서

위의 글을 쓴 시기에 주목할 필요가 있다. 사형수였던 김대중 전 대통령이 1980년 옥중에서 쓴 글이다. 경쟁자에게 가장 핍박을 많이 받은 정치인이었지만 용서를 제안했고, 대화와 화해를 주장했다. 김대중의 중심적 태도는 경쟁이나 복수가 아니라 용서였다.

1998년 7월 31일. 김대중 전 대통령 재임 시절 청와대에서 전직 대통령 부부와 만찬이 있었다. 그 자리에는 김대중 당시 현직 대통령을 비롯하여 최규하, 전두환, 노태우, 김영삼 등 전직 대통령이 모두 참석했다. 최규하 전 대통령은 전두환 전 대통령에게 강압으로 정권을 빼앗긴 전력이 있었다. 전두환 정부는 야당 지도자였던 김대중 전 대통령에게 사형을 언도한 바가 있었다. 노태우 정부는 전두환 정부를 승계했지만 전두환 정권의 시대를 심판하는 이른바 '5공 청산' 작업을 실시했다. 아울러 김영삼 정부는 같은 민자당 내부의 재집권이었지만, 문민정부를 내걸어 전두환과 노태우를 겨냥한 군부 정권 청산과 역사 바로 세우기를 추진했었다. 결국 전두환과 노태우는 감옥에 갇히는 결과를 낳았다. 해석에 따라 다를 수는 있겠지만 새로운 정권이 들어설 때마다 보복과 단죄의 연속이었다. 김대중 정부는 선거를 통한 최초의 여야 정권 교체로 정권 세력이 역전된 상황과 마주했으나 '용서만이 진정한 대화와 화해의 길'이라는 것을 실천했다. 포용으로 악순환을 막은 것이다.

이재명·김대중·노무현의 몸으로 말하기

화려한 언술로 사람들을 속일 수는 있을 것이다. 그러나 몸에 밴 태도는 결코 사람들을 속일 수 없다. 사람의 됨됨이는 말과 태도에서 나온다. 말 한 마디에 천 냥 빚을 갚는다는 속담이 있다. 선조들도 스피치의 중요성을 말해 왔던 것이다.

옛날에 박상길이란 이름을 가진 한 중년의 백정이 있었다. 그런데 그 마을에는 양반 형제가 살았는데 형은 인자한 사람이고, 동생은 오만한 성격을 가지고 있었다. 하루는 오만한 성격의 동생이 백정을 찾아와 이렇게 말했다.

"상길이 네 이놈. 여기 고기 한 근만 가져오너라."

백정은 고기 한 근을 썰어서 내어 주었다. 잠시 후 인자한 성격의 형이 찾아와 말했다.

"여보시오, 박 서방! 여기 고기 한 근만 주시오."

백정은 기분이 좋아져서 고기를 먼젓번 동생의 것보다 더 큼직하게 썰어 그 형에게 내어 주었다. 그것을 보고 동생이 벌컥 화를 냈다.

"아니, 잠깐만. 고기 한 근을 같이 주문했는데, 내 것은 엄청나게 작고, 형님 것은 엄청나게 크잖아? 이 못된 놈아! 어찌하여 형의 것은 크고 내 것은 이리도 작단 말이더냐!"

그러자 백정은 껄껄 웃으면서 대답했다.

"하하하, 대감께서 사 가신 고기는 상길이 놈이 드린 것이고, 저분이 사 가신 고기는 박 서방이 드린 것입니다. 어찌 같을 수가 있겠습니까?"

동생은 얼굴이 빨개져 아무 말도 하지 못했다.

말 한 마디에 천 냥 빚을 갚는다. 조선 시대 1냥을 쌀 구매력으로 환산하면 대략 6만 원 정도였다고 한다. 이것을 기준으로 본다면 천 냥은 지금 돈으로는 6,000만 원 정도다. 양반이라고 해서 백정에게 함부로 대할 일이 아니다. 대통령이라고 해서 장관이나 비서관들에게 함부로 말할 일이 아니다. 정치인이라고 해서 국민을 우습게 여길 일이 아니다. 그 사람의 말과 인간을 대하는 태도에서 인품이 드러나는 법이다.

거듭 강조하지만 눈에 보이는 것, 귓속으로 들어오는 것은 모두 스피치다. 그중 하나라도 놓치는 순간이 문제다. 베스트셀러 작가이자 시인인 고도원은 김대중 정부 시절 청와대에서 5년간 연설비서관으로 근무했다. 그는 자신의 저서에서 다음과 같이 말했다.

김대중의 '절름거리는 발', 이재명의 '굽은 팔'과 '목의 상흔'. 거기에는 수많은 언어가 담겨 있다. 그들의 몸은 그 자체가 삶이고 메시지다. 김대중은 누구보다 몸으로 말했던 지도자다. '몸으로 말한다'는 것은 말이 아닌 침묵과 눈물, 몸짓을 뜻한다. 정치의 또 다른 언어는 '몸'이다.

— 고도원, 《대통령의 언어》 중에서

김대중 전 대통령은 다섯 번의 죽을 고비를 넘긴 것으로 알려져 있다. 그중 그의 다리가 불편하게 된 이유는 교통사고 때문이었다. 1971년 5월 25일은 8대 총선일 이었다. 김대중은 직전인 1971년 5월에 영등포 지역의 지원 유세를 위해 서울로 가던 도중 전남 무안군 국도에서 15톤 트럭에 치여 교통사고를 당했다. 그 후로 한쪽 다리를 절게 되었다. 죽을 고비를 넘긴 것이다. 박정희 정권의 살해 음모라는 지적이 많았다. 이재명 대통령의 팔이 굽은 것은 소년 노동자 시절 공장에서 입은 사고 때문이었다. 아울러 목의 상흔은 2024년 1월 2일 민주당 대표로서 부산 강서구 대항전망대를 방문했다가 습격자가 휘두른 흉기에 왼쪽 목을 찔린 탓이었다. 셔츠 깃이 없었다면 목숨이 위태로웠다는 게 경찰의 설명이었다.

김대중 전 대통령은 자신의 자서전을 통해 "나는 가끔, 말보다 침묵이 더 정직할 수 있다는 걸 배웠다"라고 밝힌 적이 있다. 고도원의 지적처럼 김대중 전 대통령은 몸으로 말했던 지도자다. 다시 말하면 그는 때로는 절름거리는 발걸음으로, 때로는 침묵으로 국민을 향해 스피치를 진행했던 셈이다. 아울러 이재명은 낮은 자세와 눈 맞춤으로 국민에게 다가갔다는 평가를 받는다. 고도원은 '몸은 가장 빠르고 강력한 언어'라고 강조하면서 다음과 같이 진술한다.

> 2021년 대선 예비후보 시절, 전통시장을 방문한 이재명은 장사를 하던 노인의 발 앞에서 무릎을 꿇고 고개를 숙였다. 그 순간을 포착한 사진은 큰 반향을 일으켰다. 그 장면은 연출이 아니었다. 그는 자주 바닥에 앉고, 어르신과 눈높이를 맞추며 무릎을 꿇었다. 그의 무릎 꿇음은 권위의 붕괴가 아니라 정치적 거리의 제거를 뜻한다. 그 낮춤이 사람의 마음을 연다.
>
> — 고도원, 《대통령의 언어》 중에서

영향력이 큰 리더의 진정한 스피치는 말과 몸짓뿐만이 아니라 침묵까지도 모두 포괄한다. 정치가라면 누구라도 국민을 위하는 자세와 태도, 국민을 모시는 낮은 자세와 태도를 보일 것이다. 전통시장을 방문하여 장사를 하던 노인의 발 앞에서 무릎을 꿇고 고개를 숙이는 일은 쉬운 일이 아니다. 오랜 기간 몸에 밴 태도가 아니면 어려운 일이다. 어려울 때마다 지지 기반이 굳건한 특정 지역에, 바쁜 재벌 총수들을 대동하고 내려가 어묵을 먹는 행위로는 국민의 눈높이에 맞지 않을 수밖에 없다. 아울러 이재명 대통령이 국회에서 대통령 선서식을 마치자마자 제일 먼저 찾아간 만난 사람은 국회 청소 노동자들이었다. 격이 다른 자세와 태도였다.

2002년 12월, 노무현 대통령 당선자는 전용기가 아닌 일반 비행기로 제주도 여행을 다녀왔다. 숙소도 작은 민박용 펜션이었다고 전해졌다. 2003년 1월, 여의도의 한 목욕탕에 들어간 한 남자는 경악을 금치 못했다고 한다. 공중목욕탕에서 만난 사람이 바로 16대 대선에서 당선된 노무현 당선자였기 때문이었다.

유머를 자주 구사하여 호감을 일으켰던 김대중 전 대통령도 진지하고 중요한 문제를 다룰 때는 정색하는 장면을 자주 볼 수 있었다. 생중계로 진행되는 국무회의 때 이재명 대통령도 유연하게 말을 이어 가다 민감한 문제 앞에서는 정색하며 따져 묻는 경우를 자주 목격하게 된다. 매우 전략적인 스피치를 활용하고 있는 것이다.

유튜브의 시대다. 언젠가 진보와 보수의 정치 지도자들이 기자회견을 마친 이후의 태도에 대한 내용의 유튜브를 본 적이

대통령의 스피치

있다. 보통 정치인들이 기자회견을 할 때 수어 통역사가 옆에 서서 동시 통역을 해 주는 경우가 일반적이다. 그런데 진보 정치인들이 기자회견을 끝내고 나서 수어 통역사에게 한결같이 감사의 인사를 건네는데, 보수 정치인들은 아무도 감사의 말을 하지 않고 있었다. 의아했다. 왜 한결같이 보수 정치인들은 그런 태도를 보이는 것인지 눈을 의심했다. 말은 원하는 대로 전달할 수 있겠으나 사람을 대하는 태도는 숨길 수 없다. 역대 대통령들의 스피치, 즉 그 사람의 움직임이나 비언어적인 것들을 따져 보면 통치 스타일이 보인다. 대통령을 뽑고 국회의원 등 정치인들을 뽑을 때, 유권자로서 바른 선택을 하기 위해서는 그 사람의 스피치는 물론이고, 비언어적인 것들까지도 유심히 살펴볼 필요가 있다. 낮은 자세로 포용의 문을 열 때 국민은 마음의 문을 연다. 그만큼 정치 지도자나 리더들의 스피치가 매우 중요한 시대다.

02

말을 바꾸면 행동이 바뀐다

공격과 방어의 전략

가정과 반론 무너뜨리기

스피치는 일방이 아닌 쌍방이다. 주고받는 대화다. 화자와 청자 간에 호흡이 있어야 소통이 원활해진다. 반호흡, 한호흡, 강세, 포즈 등의 표식이 적용되고, 이것을 인지해 발현되어야 대화가 이루어져 원활한 스피치가 완성된다.

아울러 스피치는 더하거나 빼기다. 말의 습관이란 오랫동안 되풀이해 몸에 익은 채로 굳어진 개인적인 언어와 행동을 말한다. 말 습관 중에 단어 몇 개만 넣거나 빼면 보다 세련된 스피치가 가능해진다. 예를 들어 '아까 전에'를 '좀 전에'로, '그니까'를 '그러니까'로 단어 몇 개만 빼거나 넣어도 화자의 말에 운율이 생긴다. 이 외에도 사례는 무수히 많다. 대중을 대상으로 말할 때를 두고 하는 말이긴 하지만, 일상에도 적용한다면 보다 세련된 스피치를 구사할 수 있다. 유아기나 유년기 언어 습관이 성인이 된 후에 습관처럼 남아 있는 경우 역시 운율에 따라 단어 한두 개만 넣거나 빼도 보다 더 세련된 스피치가 된다. 성인은 언어의 성장판이 닫혀 성장이 멈춘 상태라 할 수 있다. 나이가 든 성인일수록 발성 측면에서는 유리하지만, 굳어 버린 말 습관 때문에 불리해질 수 있다는 말이다.

결국, 말을 바꾸면 행동이 바뀌고, 행동이 바뀌면 인생이 바뀐다. 여러 가지 방법론이 있겠으나 상대방과의 대화 중에 가장 중요한 것 중 하나가 바로 '공격과 방어의 전략'이다. 공격은 곧 방어이고, 방어는 곧 공격이다. 공격과 방어의 전략을 스피치의 측면에서 보자면 두 가지 전술을 기억할 필요가 있다. 첫째는 가정을 무너뜨리고, 둘째는 반론을 급습하는 것이다.

유시민과 홍준표의 전술적 티키타카

스피치는 자신의 주장을 전달하는 일이다. 모든 주장의 배경에는 '이유'가 있고, 이유의 배경에는 '가정'이 있다. 그 숨어 있는 가정을 무너뜨리는 것이 숙제다. 아울러 대화나 토론 중에 상대의 반론을 미리 예상하여 그 허점을 급습한다면 효과는 극대화된다.

2017년 4월 홍준표 자유한국당 후보가 대선 후보 토론회에서 문재인 더불어민주당 후보에게 "버릇없이"라고 말한 것을 두고 때아닌 '나이 논쟁'이 벌어졌다. 논쟁은 문재인 후보는 1953년 출생으로 1954년에 태어난 홍준표 후보보다 나이가 1살 많은 것으로 확인되면서 불거졌었다. 문 후보 지지자들은 홍 후보의 표현을 두고 "연장자에게 '버릇없다'는 표현은 지나치다"는 주장이었다. 2022년 3월 MBC 100분 토론회에 참석한 유시민과 홍준표의 설전이 시작된다.

유시민 : 나이 많은 사람에게 버릇없다니 막말 아니에요?

홍준표 : 객지에서는 열 살은 맞먹는 거지.

유시민 : 홍준표!

홍준표 : 유 장관은 TK 후배이고 객지가 아니니까 그렇게
　　　　하면 안 되지.

— MBC 100분 토론 중에서

공격을 시작한 것은 유시민이었다. 나이가 어린 홍준표 시장이 문재인 대통령에게 버릇없다고 한 것은 막말이라고 공격한 것이다. 이에 대해 홍준표 당시 시장의 주장은 객지에서는 열

살까지 맞먹는다는 논리였다. 이러한 주장과 가정을 무너뜨리려고 유시민은 한 마디 툭 던진다. 호칭을 빼고 '홍준표'라고 외친 것이다. 이에 대해 홍준표 전 시장은 유시민의 반론을 예상하고 이곳은 객지가 아니고 유시민 당신은 TK 후배라서 자신에게 함부로 해서는 안 된다고 주장한 것이다. 두 사람의 공격과 방어의 전략이 상당한 수준이다. 그 안에는 두 가지 전술이 작용되었다는 것을 알아차려야 한다. 유시민은 홍준표에게 왜 막말을 했느냐고 공격했고, 객지에서는 열 살도 맞먹는다는 답변을 예상하고 '홍준표'라고 가정을 무너뜨린다. 반면에 홍준표는 유시민의 막말이라는 가정을 무너뜨리려고 '객지 열 살 친구론'을 내세우고, 호칭을 뺀 호명을 무너뜨리기 위해 'TK 후배론'을 내세워 방어에 나선 것이다. 가정을 무너뜨리고 반론을 급습하는 전술이 왜 효과적인지 뚜렷하게 보여 주는 대목이다.

대통령들의 명분과 권위 세우기

스피치의 현장에서 공격과 방어의 전략을 구현하려면 중요한 것 중 하나가 명분이다. 자신의 주장에 가정을 내세우고, 그 가정 위에 명분을 확립한다면 위력이 상상하는 것보다 훨씬 커지기 때문이다. 사람들에게 경청을 요구하려면 그에 따르는 무기를 장착해야만 한다. 그런 측면에서는 명분만큼 좋은 무기가 없다. 명분을 확립하려면 권위를 빌려오는 방법이 유용하다. 당연히 공격과 방어의 전술인 가정을 무너뜨리고 반론까지 급습하라는 원칙을 지킬 필요가 있다.

나의 주장에 권위를 세우는 방법론은 크게 4가지다. 《언어 천재들은 어떻게 말을 할까》의 정재영 작가는 다음과 같이 요약한다. "간단하다. 권위 있는 사람이 말한 것이니 중요하고 옳다라는 가정을 깔고 말하는 것이다. 권위자는 네 종류로 나눈다. 전문가, 전문 조직, 경험, 여론이 나의 주장에 권위를 부여해 준다." 부연하면 첫째는 하버드대 교수나 해당 분야의 전문가의 말을 직접 인용하는 방법이다. 둘째는 세계에서 가장 오래되고 저명하다고 평가되는 영국의 과학 학술지 《네이처》나 전문 조직의 연구 결과 등을 인용하는 방법이다. 셋째는 평생 정치가로 몸담은 스피치 당사자의 경험을 동원하는 방법이다. 넷째는 여론조사 기관이나 매체 등의 통계를 내세워 여론의 힘을 활용하는 방법을 말한다.

전·현직 대통령들이 공격과 방어의 전략을 펴면서 명분을 강화하기 위해 권위를 세우려는 발언들을 살펴보자.

행동하는 양심이 되자, 행동하지 않는 양심은 악의 편이다.

— 김대중, 김대중 자서전 1

'행동하지 않는 양심은 악의 편이다'는 김대중 전 대통령이 1975년 4월 19일 《씨울의 소리》 창간 5주년 기념 시국강연회에서 한 말로, 방관은 최대의 수치·비굴은 최대의 죄악이라며 시민들의 적극적 저항과 투쟁을 촉구한 표현이다. 이 문장은 1984년 귀국 환송행사 강연과 2006년 전남대·공주대 특별강연, 이명박 정권 시절 마지막 연설로 평가되는 2009년 6·15 남북공동선언 9주년 기념행사에서도 인용·사용되었다. 인류의 규범인 '양심'을 명분으로 내세우고 행동하지 않는 양심은 '악의 편'이라고 자신의 주장을 극단으로 몰아간다. 자신의 정치적 경험을 바탕으로 가정을 무너뜨리고 반론을 급습하여 권위를 얻은 형태다.

아무리 닭의 모가지를 비틀지라도 새벽은 온다는 것을 잊어서는 안 됩니다!

— 김영삼, 1979년 10월 4일, 국회의원 제명 직후

야당 지도자 시절, 김영삼 전 대통령이 국회의원에서 제명을 당한 직후 한 발언이다. 김영삼 의원 제명 파동은 1979년

9월 29일 민주공화당과 유신정우회에서 당시 신민당 총재 김영삼의 1979년 9월 16일자 《뉴욕타임스》와의 기자회견 중 박정희 정권에 대한 지지를 철회하라는 내용을 문제 삼아 10월 4일 국회에 징계동의안을 제출, 김영삼을 징계, 의원직을 박탈한 사건이었다. 그러나 내막에는 1979년 8월 9일에 일어난 YH무역의 여성 노동자들을 신민당사에 머물게 하고 농성을 도운 김영삼 야당 총재를 무력화시키려는 의도로 분석할 수밖에 없었다. 김영삼 당시 총재의 스피치에서는 매우 극단적인 공격성을 찾을 수 있다. 자연의 이치에 빗대어 권위를 얻고 명분을 쌓은 것이다. 김영삼 전 대통령 또한 가정을 무너뜨리고 반론을 급습하여 권위를 얻는 형태를 취하고 있다.

> 남북대화 하나만 성공시키면 나머지는 깽판쳐도 괜찮다.
> 나머지는 대강 해도 괜찮다는 말이다.
>
> — 노무현, 2002년 국민참여경선 연설 중에서

노무현 전 대통령이 2002년 인천 정당연설회에서 남북대화 성공의 중요성을 강조하며 한 발언이다. 노무현 전 대통령은 남북관계에서 남북대화 성사가 가장 핵심임을 강조하며, 다른 분야에서의 미흡함이나 혼란은 남북대화가 잘 풀릴 경우 상대적으로 덜 중요하다고 밝혔다. 이 발언은 남북관계 개선이 다른 사회적·정치적 문제보다 우선시되어야 한다는 신념을 드러낸 것으로 해석되었다. 특히 해당 발언은 이후 노무현 정부의 대북 정책 기조와 연결되어 남북대화 중심의 접근이 강조되는 맥락에서 인용되었다. 또 일부에서는 남북관계의 특수성과 다른 사회적 가치와의 우선순위 논쟁을 불러일으키기도 했다. 그러나 대선에 승리하여 집권할 경우 정부 조직을 동원해 남북대화를 성공시킨다면 나머지 분야는 크게 주목받지 않을 것이라는 논리로 나름 자신의 주장에 권위를 부여한 셈이다. 문제는 남북대화의 중요성은 강조하고 명분은 세웠지만 '나머지'로 암시된 부분이 많은 반론의 빌미를 제공했다. 언론에서는 나머지는 아마도 경제일 것이고, 외교·국방이나 국민적 갈등 같은 여러 가지 것들이었을 것이라고 분석하면서 노무현 후보가 무책임하다고 비난을 퍼부었다. 가정을 내세워 명분을 얻었지만 반론을 막을 수 없어 방어의 전략이 약화되고 권위를 얻지 못하는 경우라 할 것이다.

썩어 빠진 공직자들이 나랏돈 훔치고 국민을 지배하는 나라. 언젠가 한 번은 꼭 대청소를 해야 합니다.

— 이재명, 2015년 4월 10일, 본인의 트위터에서

이 문구는 이재명 전 경기도지사가 2015년 4월 10일 트위터에 남긴 발언으로, 공직자들의 부패와 권력 남용을 비판하며 "언젠가 한 번은 꼭 대청소를 해야 한다"고 강조한 내용이다. "썩어 빠진 공직자들이 나랏돈 훔치고 국민을 지배하는 나라"라는 표현을 통해 공직사회 내 부조리와 권력 남용을 강하게 비판했다. "언젠가 한 번은 꼭 대청소를 해야 합니다"는 반복되는 부패와 불의에 대한 근본적 청산 의지를 드러냈다. 이재명은 공직자를 '국민의 머슴'으로 규정하며 국민을 위한 봉사자임을 강조했다. 이 발언은 공직사회 개혁과 국민 신뢰 회복의 필요성을 강조하는 대표적 어록으로 이후 정치권과 사회 전반에 영향을 미쳤다. 문제는 이재명 대통령의 '공직자 도둑론과 대청소론'도 명분은 세웠지만 노무현 전 대통령의 경우처럼 일반론에 그쳐 반론을 방지하지 못한 측면이 있었다. 젊었을 때의 김대중 전 대통령과 김영삼 전 대통령처럼 공격과 방어의 전략에서 가정을 무너뜨리고 반론까지 급습하는 경지에는 이르지 못했던 것으로 분석된다.

스피치, 쌍방의 대화

20대와 21대 대통령 선거의 방송토론 자문위원으로 활동하

 대통령의 스피치

면서 내가 느꼈던 것의 핵심 중 하나는 스피치는 기술이 아니라 태도가 무엇보다 중요하다는 사실이었다. 어느 날, 민주당사 9층 대회의실. 이재명 후보와 국회의원 네 명을 포함해 자문위원 서너 명가량이 그곳에 모였다. 회의 중에 문화예술과 관련된 모 감독의 지루한 발언이 장시간 이어졌다. 그 회의를 총괄하던 모 의원이 집중력이 떨어지고 장황해지는 발언자의 의견을 듣다가 원활한 회의 진행을 위해 이제 내용을 정리해 달라고 요청했다. 그러자 듣고 있던 이재명 후보는 괜찮으니 계속 말씀하시라고 두둔했다. 발언자는 십여 분 더 본인의 의견을 이어 갔다. 꽤 긴 내용이었지만 일리가 있었다.

우리들은 이재명 후보가 매사에 일방적이고 핵심만 요구하는 인물이라는 선입견을 가지고 있었다. 그러나 아니었다. 나는 지루하고 장황하고 불필요해 보이는 의견도 끝까지 경청하는 후보의 태도에 신뢰가 생겼다. 나의 의견을 효과적으로 전달하는 것도 좋지만 남의 의견을 편견 없이 듣겠다는 경청하는 태도야말로 정치인에게 필요한 덕목이다.

지하철에서 고성으로 전화 통화를 하는 이들을 자주 보게 된다. 그런 장면을 볼 때마다 화가 났었다. 대중교통을 이용하면서 도대체 왜 크게 떠들어 남에게 피해를 주는가. 그들의 스피치는 왜 폭력적인가. 그 이유는 무엇일까. 대중교통을 이용하는 사람 중에 고성으로 떠드는 사람들은 일반인들과 마찬가지로 목소리 조절을 할 줄 모르기 때문이라는 게 최근 내가 내린 결론이다. 일반인들은 자신의 목소리를 작게 낼 수 있는 능력이 없고 배운 바가 없는 것이다. 그래서 목소리 공부가 필요하다. 스피치는 어찌 보면 감정 공부일 수도 있고, 목소리의 높낮이 공부도 해야 되는 것이다. 우리는 어떠한 제도나 교육기관에서도 스피치를 배운 적이 없는 까닭이다.

스피치는 한쪽의 일방적인 주장이 아니라 쌍방의 대화다. 대화의 측면에서 공격과 방어의 전략이 없다면 결과는 뻔하다. 상대의 주장에 숨어 있는 가정을 간파하여 무너뜨리고, 반론의 여지를 미리 파악하여 급습해야 유리한 고지를 점령할 수 있다. 우리는 지나온 대통령 선거에서 후보들의 스피치를 지켜보면서 정권의 기조를 충분히 가늠할 수 있었다. 앞으로 다가올 선거에서도 정치 지도자들의 스피치를 목도하게 될 것이다. 성공적인 스피치를 활용하는 사람들의 비결은 화려한 문장도 풍부한 지식도 아니다. 내 마음을 진실하게 전달하고 공감할 수 있게 설득력을 높이는 비결은 스피치 당사자의 올바른 태도에서부터 출발한다. 태도를 바꾸고 말을 바꾸면 행동이 바뀌고, 행동이 바뀌면 인생이 바뀐다.

Part 2

말하는
사람이 먼저
치유된다

03

감정을 표현하는 법

긴장과 집중력 배가 전략

스피치에서 감정이 중요한 이유

원로 방송작가 김수현은 라디오 드라마 작가 출신이다. 김수현 작가는 방송 인터뷰에서 라디오 드라마의 디테일을 익힌 것이 작가로서 가장 큰 자양분이었다고 밝힌 바 있다. 그런 측면에서 보면 스피치 교육에 최적화된 직업군은 성우라고 할 수 있다. 성우의 태생이 라디오 드라마 연기이기 때문이다. 라디오 드라마의 특성상 청취자에게는 드라미의 내용을 눈으로 보여줄 수 없고, 귀로 들려주어야만 하기에 성우들은 목소리로 매우 세심하게 연기할 수밖에 없다. 성우들은 오직 소리로만 청취자에게 다가가야 한다. 특히 성우는 배역에 대한 인간 탐구를 해야만 하는 몇 안 되는 직업군이다. 발성, 장음, 단음, 발음, 강세,

포즈, 호흡의 길이 등을 철저히 지켜야 듣는 사람에게 정확히 내용을 전달할 수 있다. 라디오 드라마의 섬세함을 경험한 성우들이 완성도 높은 스피치 교육을 할 수 있는 까닭이다.

배우는 사람은 가르치는 사람을 통해 학습한다. 그렇다면 가르치는 사람은 누구를 통해 학습할까. 아이러니하게도 가르치는 사람들 역시 배우는 사람을 통해 학습하는 경우가 많다. 나 또한 성우로서 대선 후보나 정치 지도자들에게 스피치의 중요성을 전하는 과정에서 상당히 많이 배웠다. 스피치 학습 과정을 돌아보면, 당시 이재명 후보는 '스피치'(화법)와 '연기'를 동시에 익힌 대한민국 최초의 대통령이 될 것이라고 믿었다. 이 후보에게는 화법만큼이나 감정에 대해 꽤 많은 이야기를 해드린 기억이 난다.

"대통령 후보의 역할을 맡은 배우십니다. 무대 위에 올랐을 때 역할에 부합되는 언어와 비언어를 선택하시고 관객(국민)과 호흡하십시오. 그조차 맡은 역할에 몰입하셔야 관객(국민)과의 호흡을 하실 수 있습니다."

스피치를 익히는 것은 실은 연기를 익히는 것과 다르지 않다. 따로 익히지 않았어도 스피치를 잘 실행했던 대통령들은 연기자의 재능이 있었던 셈이다. 연기자의 끼나 재능은 감정의 수위가 높은 사람들에게만 존재한다.

그렇다면 '감정'이란 무엇일까. '이성'이 인간을 만들어낸다고 하면, '감정'은 인간을 이끌어간다. 루소가 《신엘로이즈》에서 밝힌 말이다. 확연히 감정과 이성은 다르다. 감정은 어떤 현상이나 일에 대하여 일어나는 마음이나 느끼는 기분을 말한다. 이성은 개념적으로 사유하는 능력을 감각적 능력에 상대하여 이르는 말이다. 이성이 동물과 구분 짓는 인간의 본질적 특성이라면, 감정은 인간을 동물과 구별시켜 주는 '현상'인 셈이다.

감정은 이성이 모르는 곳에, 그 자신의 도리를 갖고 있다. 파스칼이 《팡세》에서 강조한 말이다. 감정과 이성을 확연히 구분 짓는 평가다. 감정과 이성에 대한 성현들의 비교문은 수없이 많다.

이성은 우리에게 무엇을 피해야 할 것인가 주의를 주지만,
심정이나 감정은 우리에게 무엇을 하면 좋은가를 가르쳐 준다

— 주베르

부끄럽게 생각하지 않는 일은 부끄러워하지 말고 말해야 한다

— 몽테뉴

예술가에 있어서는 표현만이 임시적으로나마 인생을 인식
하는 유일한 길이다

— 와일드

매일매일 공포를 극복해 나가지 않는 사람은 인생의 교훈
을 배우지 못한 사람이다

— 에머슨

공포는 뒤꿈치에 날개가 돋는다

— 베르길리우스

우리가 두려워해야 할 것은 오직 하나 두려움 그 자체이다

— 루스벨트

스피치를 학습하는 과정에서 감정이라는 용어의 개념을 규
정하는 이유는 그 중요성을 따져보기 위해서다. '나무'가 본질
이라면 나무로 된 '의자'는 현상이듯이, '이성'은 본질이고 '감
정'은 현상인 것이다.

스피치를 학습할 때, 기술보다 앞서 올바른 '태도'가 중요하
다고 강조했듯이 두 번째로 주목할 것은 결국 '감정'이다. 감정

을 표현하고 전달하는 일은 결코 쉬운 일이 아니다. 감정의 언어에 대한 고도원 작가의 경험을 살펴보자.

김대중의 말은 상대가 누구든 언제나 정중했다. 절제되어 입 밖으로 나왔다. 정치부 기자로 15년, 연설비서관으로 5년, 그와 지근거리에 있었지만 단 한 번도 그의 말로 인해 자존감이 상하거나 상처를 받은 적이 없다. 그런데 오히려 그것이 나를 숨막히게 했다. (중략) 딱 1년이 지난 어느 날에야 비로소 "고 비서관, 요즘 연설문이 좋아요"라는 한마디 말로 나를 일으켜 세워주었다. 돌이켜 보면 그것이 그분의 용인술이었다.

― 고도원, 《대통령의 언어》 중에서

김대중 전 대통령은 담당 연설비서관인 고도원 작가에게 1년이 지난 다음에야 따뜻하고 감정 어린 말 한 마디를 던진 것이다. 그만큼 감정의 말들은 사람의 마음을 쉽게 움직이는 것이다. 청취자에게 자신의 감정을 전달하기 위해서는 때로는 차갑게, 때로는 따뜻하게 접근해야 한다. 경우에 따라서는 철저하게 객관성을 띠거나, 반대로 주관성을 강조하게 된다. 특히 발언자가 청취자를 상대로 감정을 전달하기 위해서는 긴장과 집중력을 최대한 끌어올릴 수 있는 방법을 찾아야 한다.

민주당 경선 후보들의 토론 스피치

성우학원 〈리얼보이스〉를 운영할 때의 일이다. 전혀 체계가 잡혀 있지 않은 원생들에게 감정과 마음의 문을 열게 하려면, 제일 먼저 무엇을 해야 할지 고민했다. 당시 원생들은 뚜렷한 목표도 없이 입문해 자양분이 부족한 청춘들이었다. 그들을 위해 고민하다가 뮤지컬 배우를 섭외해 정기적인 뮤지컬 수업을 만들고 학습을 시도했다. 그러다 보니 언젠가부터 원생들이 뮤지컬 〈지킬 앤 하이드〉의 삽입곡 〈This is the Moment〉를 흥얼거리고 다녔다. 한국에서 뮤지컬이 흥행에 성공하여 가장 유명한 뮤지컬 넘버라고 해도 과언이 아닌 노래였다.

예상대로 원생들은 어린아이가 말문이 트이는 것처럼 감정이 열리고 연기가 트이는 것이 눈에 보였다. 마찬가지로 스피치가 열리고 말문이 트이려면 감정이 트이고 마음이 열리는 계기를 마련해야 한다. 오래 쓰지 않은 수도꼭지를 억지로 틀어 열려다 보면 녹이 슬어 쉽게 열리지 않아 낭패를 보게 된다. 그럼에도 손잡이를 조금씩, 조금씩 반복해 돌리면 수돗물이 조르르

흘러나온다. 감정도 같은 이치다. 문제는 감정을 열기 위해 긴 장과 이완이 필요하다는 것이고, 그 방법을 뮤지컬 음악으로 활용한 것이었다. 제자들에게 늘 해오던 말이다.

더불어민주당 제21대 대통령 선거 후보 경선 때의 일이다. 후보는 이재명, 김경수, 김동연 등 세 명이었다. 첫 번째 토론회를 마치고 나는 이재명 후보에게 장문의 메시지를 보냈다.

말하듯 토론을 한 분은 대표님 말곤 없으셨습니다. TV 토론에 익숙해지셔서 경직되지않아 자연스러워지신 까닭입니다. 타 후보에게 시간 할애를 하신 건 품을 보이신 거라 시청하신 분들이 호감을 갖기에 충분하셨습니다. 다만 각 발언의 말미를 서두르셔서 툭 끊긴 듯 보여 시청자 입장에서 끝난 거야?, 라는 생각이 들었을 테니 해결 방법으로는 마무리 할께, 라는 생각을 하시고 힘줘 또박또박 천천히 ~ 입니다, 라고 마무리하시면 되시리라 봅니다. 그리고 고개를 오른쪽으로 비스듬히 하시는 건 오랜 습관이실 텐데 제가 보기엔 대표님께서 그것이 편하시거나 왼쪽, 즉 몸의 왼팔이 다소 불편 하셔서인 듯 보이고 물론 크게 문제가 되어 보이지 않아 구태여 의식해서 바꾸시려 하지 않아도 될 듯 보입니다.

사실 나로서는 김동연 경기지사나 김경수 후보와 업무상 협력 관계였다. 그러나 토론에 대한 평가는 냉정할 필요가 있었다. 후보 경선의 첫 토론회라 그런지 후보자 세 명의 스피치는 나로서는 만족스럽지 않았다. 이재명 후보에게 보낸 메시지의 행간에는 모두 담기지 않았으나, 세 명의 스피치에는 분명 문제가 있었다. 이재명 후보는 늘 몸을 한쪽으로 기울이는 자세가 문제였다. 김동연 후보는 자신의 말을 전달하기에 급급하고 날카로운 말투가 문제였다. 김경수 후보는 오랜 단식으로 피곤해 보이는 모습에, 목소리마저 힘이 빠진 데다 과거의 빠른 청년 화법이 사라져 삼중고에 빠져 있었다. 결과적으로 '스피치는 기술이 아니라 태도가 핵심'이라는 기준을 후보자 세 명 모두가 만족시키지 못했다는 것이 내가 내린 결론이었다.

경선의 마지막 토론도 살펴보았다. 토론 도입부에서 이재명 후보는 표정과 말씨가 다소 경직되는 부분이 포착되었다. 하지만 이후 토론 내내 표정과 말씨는 편안해졌다. 사소하긴 하지만 이재명 후보는 '니 편', '내 편'이라는 표현을 썼는데, 그보다는 '네 편'이나 '내 편'으로 장단음을 활용했어야 했다. '네'와 '내' 발음이 분간하기 어려운 탓이었는데, 확실한 분간을 위해서는 '네'는 길게(장음), '내'는 짧게(단음) 하면 된다. 하기는 참여한 후보 모두 '니'나 '내'로 발음하고 '너'를 '니'로 구분해 발음했다. 다만 '니'는 청자에게 조금 차갑거나 불손하게 느껴질 수 있는 단어 선택이다. 평정은 감성(감정)이고 냉정은 이성이기에, 평정보다 냉정을 조절하는 편이 수월하다. 목소리가 흔들리지 않게, 감정이 흐트러지지 않게 후보들의 모든 것이 듣는 이에게 제대로 전달되어야 한다.

이재명 후보의 2025년 3.1절 연설도 보고 들었다. 스피치의 텍스트로 삼을 만했다. 먼저 연설 전반부에서 속도가 빠른 감이 들었다. 완급 조절을 하면 더 잘 전달되고 대중과의 거리도 좁혀지리라 생각했다. 상호 간 호흡이 공감의 극대화를 만들기 때문이다. 속도와 발음의 관계는 떼려야 뗄 수 없기에 속도를 더 줄여야 했다. 행간과 행간 사이에 충분한 포즈(사이)를 두면 도움이 된다. 물론 빠를 때 호소력이 생기고, 느릴 때 강조가 된다. 발성도 아쉬운 면이 있었다. 연설 초반 목소리를 낼 때 목구멍을 열지 않은 채 연설하다 보니 가늘게 들렸다. 이후 중·후반부부터 목구멍이 열려 좀 더 호소력이 생겼다. 발성의 정의는 목을 열어 소리를 내는 행위다. 목구멍을 세모로 여는 것이 아니라 동그라미로 열어야 한다. 즉 목구멍을 둥글게 열어야 화자도 청자도 편하고 공감의 극대화가 생기는 법이다.

다음은 다양한 표정(표현)이었다. 표정이 연설문의 지시어가 상세히 제시되었을 때보다, 오히려 메시지가 더 정확히 구현될 때가 있다. 표정, 즉 표현은 상호 교감을 일으켜 공감의 극대화에 도움을 준다. 표정(표현)을 더 뚜렷하게 보여주었다면 좋았을 듯했다. 성우들도 시절과 계절마다 발성과 화법이 달라진다. 요즘은 보다 자연스러운 발성과 화법이 대세다. 과거 성우들이 '성우스러웠다'면, 요즘 성우들은 '성우스럽지 않다'. 목이 조여져 풍부한 소리를 가로막게 되는데, 목을 열면 막힌 소리가 열리며 보다 풍만한 소리를 내게 된다. 요즘 시대의 성우처럼, 요즘 시대가 요구하는 리더의 목소리는 시대적 배경을 고려할 때 더더욱 풍만함이 중요하다.

트럼프와 노무현의 '긴장과 집중력 두 배' 스피치

트럼프 미국 대통령의 스피치는 매우 즉흥적일 뿐 아니라 도발적이다. 그는 듣는 이로 하여금 긴장과 집중력을 한껏 끌어올리는 능력이 보인다. 트럼프가 누군가. 정치인, 언론인, 사업가다. 공화당 소속으로 2017년부터 2021년까지 제45대 미국 대통령이었다. 2020년 대통령 선거에서 민주당의 조 바이든 후보에게 패배해 재선에 실패했다. 그러나 온갖 소송에 휘말렸으면서도 2024년 대통령 선거에서 민주당의 카멜라 해리스 후보를 상대로 승리하여 제47대 미국 대통령 임기를 수행 중이다. 트럼프가 대권 주자로서 본격적으로 알려지기 전의 스피치를 살펴보자.

> 실업률이 5.3퍼센트라는 건 거짓말입니다. (중략) 아마 실업률은 20퍼센트일 겁니다. 나에게 30퍼센트, 32퍼센트라고 말해준 경제학자들도 있어요. 제가 들은 가장 높은 수치는 42퍼센트나 돼요.
>
> — 트럼프, 2015년 9월 28일 기자회견에서

그는 사업가로서 공격성과 권위를 높여 청자를 긴장시키고 집중력을 배가시킨다. 그의 무기는 숫자와 전문가들이다. 2015년 미국의 공식 실업률은 5.3퍼센트로 알려졌는데, 이를 거짓말이라고 단정한다. 듣는 사람들은 긴장할 수밖에 없다. 그리고 자신의 추측을 담아 미국의 실업률이 20퍼센트라고 주장한다. 듣는 사람들은 근거가 무엇인지 그의 주장에 집중하게 된다. 트럼프가 제시히는 근거는 의외로 허술하다. 자신의 주장에 권위를 더하기 위해 경제학자들을 동원하지만, 구체적으로 학자들의 이름은 밝히지 않는다. 자신에게 실업률이 30퍼센트라고 알려준 경제학자가 있고, 32퍼센트라고 알려준 경제학자가 있다는 식이다. 심지어 자신이 들은 가장 높은 실업률은 42퍼센트라고 말한다. 공식 실업률은 5.3퍼센트인데, 자신이 들은 '최고치'는 42퍼센트이며, 현재 실업률은 20퍼센트일 것이라고 '나름의 계산'을 밝힌 것이다. 듣는 이의 긴장과 집중을 끌어올리기 위해 '숫자'와 무명의 '전문가 집단'을 내세워 주장을 어필한 것이다. 매우 치밀하고 계산된 스피치라고 할 수밖에 없다.

자신의 주장을 긴장과 집중의 에너지로 전달하기 위해 논리적 비약을 구사한 대통령의 예도 있다. 바로 노무현 전 대통령이다.

> 진보주의자는 차가 아무리 비좁더라도 '같이 타고 가자'라고 말하는 사람이고, 보수주의자는 '비좁다, 늦는다, 태우지 마라'라고 말하는 사람이다. 곧 진보의 가치는 자유, 평등, 평화, 박애, 행복을 강조하고, 보수의 가치는 시장과 경쟁을 강조한다.
>
> — 노무현, 진보의 미래, 2009

노무현 전 대통령은 일부러 진보주의자와 보수주의자를 나누며 설득을 시작한다. 차를 타고 목적지를 향해 함께 가야 한다는 전제를 바닥에 깔면서 흥미를 끌게 만든다. '같이 타고 가자'는 행위와 '태우지 마라'는 행위를 대조시키면서 긴장을 유발한다. 이는 진보는 '분배'를 강조하고, 보수는 '성장'을 추구한다는 경제적 가치의 은유로 볼 수 있다. 그러나 경제적 가치를 직접 드러내지 않고 '진보의 가치는 자유, 평등, 평화, 박애, 행복으로 강조하고, 보수의 가치는 시장과 경쟁을 강조한다'는 논리의 비약을 감행한다. 진보의 가치는 행복의 조건들을 나열한 대신, 보수의 가치는 돈과 불행의 조건을 강조한다는 상징이 깔려 있는 셈이다. 매우 치밀하게 계산된 스피치가 아닐 수 없다.

스피치를 공포로 몰아간 김영삼·윤석열·이재명

긴장과 집중의 스피치 전략을 '공포감'으로 몰아간 사례도 많다. 김영삼 전 대통령의 스피치는 부드러운 외모와 달리 거칠고 거세며, 공포로 몰아갈 때가 많았다. 김대중 전 대통령의 스피치가 달변이었다면 김영삼 전 대통령의 스피치는 눌변이었다. 더군다나 민주화추진협의회를 구상해 두 정치가가 공동의 장에 올랐던 시절이 있었다. 사람들을 모아놓고 일주일에 한 번씩 번갈아 가며 공동의장이 사회를 보았는데, 진행 양상이 너무 달랐다. 김대중이 사회를 볼 때는 참모진들이 아주 힘들었다고 한다. 혼자 말을 많이 하고 하나하나 질문을 했기 때문이었다. 그런데 김영삼이 주재할 때는 쉬웠다고 한다. 일단 시간도 짧았고, 말을 잘 들어주니 참여한 사람들이 아주 좋아했다는 것이다. 뒤에서 다루겠지만 스피치의 중요한 덕목 중 하나가 바로 경청이다.

어쨌든 김영삼 전 대통령은 직설 화법의 대가였다. 직설 화법은 확실히 긴장과 집중을 불러오게 마련이다.

이 정권은 피를 보고 머지 않아서 반드시 쓰러질 것이다,
쓰러지는 방법도 비참하게 쓰러질 것이다.

— 김영삼, 1979년 8월 YH 사건 중

1979년 8월 YH 사건 중 김영삼 전 대통령은 박정희 정권이 피를 보고 비참하게 쓰러질 것이라고 직설적으로 예견했다. 무심코 흘렸던 이 말은 그대로 적중한다. 박정희 전 대통령이 1979년 10월 26일에 중앙정보부장 김재규에 의해 총을 맞고, 두 달 후에 비참하게 세상을 떠난 것이다. 김영삼 전 대통령의 발언을 들었던 사람들이 나중에라도 회상하면 공포에 떨 수밖에 없는 말이었다.

나를 해외로 보낼 수 없는 것은 아닙니다. 나를 시체로 만

든 뒤에 해외로 부치면 됩니다.

— 김영삼, 1983년 단식 중에

　김영삼 전 대통령과 전두환 전 대통령은 악연이었다. 김영삼 전 대통령은 1983년에 단식 투쟁을 했었다. 그때 전두환 정권에서 단식 투쟁을 그만두게 하려고 굉장히 노력했다고 한다. 여러 명의 특사도 보냈는데 그때 특사로 간 사람이 권익현 사무총장이었다. 권익현 사무총장이 말하기를, 단식만 풀면 가택연금도 해제해 주고 해외로 보내주겠다고 했으며 가족 모두를 해외로 보내주고 모든 경비를 대겠다고 했다는 것이다. 그때 김영삼 전 대통령이 자신을 해외로 보내는 방법이 딱 하나 있다고 했다. 뭐냐고 묻자, 자신을 시체로 만들어서 해외로 부치라는 것이었다. 이렇게 직설적으로 말하자 권익현 사무총장은 아무 말도 못 하고 나왔다는 것이다.

　김영삼 전 대통령과 전두환 전 대통령의 갈등은 이명박 정부 시절의 일화에도 남아 있다. 전직 대통령을 초청하는 자리였다. 전직 대통령의 얘기를 듣는 자리였는데, 김영삼 전 대통령이 자기 손으로 감옥에 집어넣은 대통령이 전두환이었다. 김영삼 전 대통령은 전두환 전 대통령을 싫어하고 불쾌한 감정을 갖고 있었는데, 마침 전두환 전 대통령이 와인이 더 있냐고 묻더란 것이다. 이때 김영삼 전 대통령이 전두환 전 대통령에게 던진 말은 '술 무러 왔나'였다. 이 말을 들은 전두환 전 대통령은 화가 나서 바로 자리를 떴다는 것이다. 전체 분위기를 공포로 몰아간 화법이었다.

대통령은 아니었지만 당시 중앙지검장 시절의 윤석열 전 대통령의 화법도 화제가 된 적이 있었다. 윤석열 전 대통령의 화법도 김영삼 전 대통령처럼 거칠고 거세며, 공포로 몰아가는 경우가 많았다.

검사가 수사권 가지고 보복하면 그게 깡패지, 검사입니까?

— 윤석열, 2016년 12월, 박근혜-최순실 게이트 특검에 참여하며

박근혜 전 대통령의 탄핵으로 이어진 최순실 게이트와 국정 농단은 또 다른 정치 지도자의 탄생을 알리는 계기가 되었다. 윤석열 전 검찰총장은 이 발언으로 정의로운 검사상을 강조했다. 특히 이 발언은 그가 박근혜 정권 초기에 '국정원 댓글 사건'을 수사하다 좌천된 것에 앙심을 품고 복수하지 않겠느냐는 세간의 우려에 대해 한 말이었다. 그러나 이후 실제로 검찰이 특정 인물이나 단체에 대해 수사권을 남용해 보복성 수사를 했다는 비판과 판례가 이어졌다. 예를 들어 유우성 씨 사건에서

검찰이 과거 기소유예 처분한 사건을 재기소하며 '공소권을 자의적으로 행사했다'는 판결이 나왔던 것이다. 이후에도 윤석열 정권 시절 수없이 자행된 검사의 보복 수사도 문제였지만, 수사권으로 이루어진 무혐의 처리와 감싸기가 봇물처럼 드러난 것은 역사적 아이러니가 아닐 수 없다.

이재명 대통령도 긴장과 집중을 요구하는 방식으로 분위기를 공포로 몰아가는 언급을 자주하는 편이었다.

> 적폐와 불의를 청산하는 게 정치보복이라면 그런 정치보복은 맨날 해도 된다.
>
> — 이재명, 2017년 7월 자신의 페이스북 중에서

전제가 있지만 정치 보복을 맨날 해도 된다는 말은 공포스럽다. 이유는 두 가지다. 첫째, 정언적 표현으로 오해를 불러일으킨다. 행복을 말하면 행복해지듯이 정치 보복을 말하면 정치 보복이 일상화된다. 정치 보복을 용인하는 태도 때문에 선한 의도가 있더라도 적을 만들기 십상이기 때문이다. 둘째, 가상의 적에게 방어 기제를 제공한다. 적들이 자행하는 정치 보복이 자신들에게는 적폐와 불의를 청산하는 과정이었다고 주장한다면, 방어를 예상하고 급습하는 스피치는 불가능해지기 때문이다.

이재명 대선 후보의 유세 현장에서 연설을 직접 들은 적이 있다. 한 지인에게 들었던 말이 생각난다. 선함은 보이는데 따뜻함이 부족해 보인다는 말. 선함은 보이는(시선) 것이었고 따뜻함은 느끼는(감정) 것이었다. 그렇다면 무엇인가 부족한 것이 존재한다는 의미였다. 반면 비가 오던 날 유세 현장에서 이재명 후보가 한 시민에게 했던 말을 기억한다. 비가 너무 많이 오네요. 저는 비를 안 맞아서 너무 죄송합니다. 그 말을 들은 노인이 했던 말도 기억이 난다.

"괜찮아, 괜찮아."

04

자기 트라우마의 회복

자아 긍정의 전략

나의 이야기를 말할 권리

나는 2022년 6·1 지방선거 당시 더불어민주당 김동연 경기지사 후보 캠프에 제안하여 '소리·수어 공약집' 제작을 주도했다. 장애인이라고 해서 후보에 대한 정보도 없이 투표할 수는 없는 노릇이었다. 소리·수어 공약집은 후보의 각종 정책을 성우의 목소리로 녹음해 음성 파일 형태로 만든 것으로, 시각장애 유권자에게 배포됐다. 지방선거에서는 김동연 후보가 최초였다.

이전에도 '소리 공약집'을 제작한 적이 있었다. 2017년 대통령 선거 때 당시 문재인 후보가 처음 만들었다. 당시에도 내가 문재인 후보 쪽에 제안해 선거 공약을 음성 파일로 만들어 장애인들에게 배포할 수 있었다. 시각장애인을 위한 점자 홍보

물은 손가락으로 짚어 가며 읽는 것보다 성우들이 녹음한 것을 듣는 편이 훨씬 편리하다. 음성형·수화형 선거 공보물의 제작과 법제화가 하루속히 이뤄지길 바란다.

아울러 문재인 대선 후보 시절 내가 적극적으로 제안했던 '치매국가책임제'가 받아들여진 것은 보람으로 남아 있다. 2017년 9월 18일 본격적으로 출발한 치매국가책임제는 치매안심센터를 통해 1:1 맞춤형 관리부터 전문치료 지원, 요양서비스 확대, 경제적 비용 부담 경감까지 국가가 책임지는 정책이다. 내가 이 정책을 제안한 이유는 간단했다. 문재인 정부 시절 나의 어머니가 치매였고, 나중에는 장모님도 치매에 걸리셨다. 치매 환자가 있는 가족들이 얼마나 고통을 받는지 실감하고 있었기 때문이었다. 치매는 내가 걸릴 수도 있고, 부모나 가까운 사람들이 걸릴 수도 있었다. 그래서 나는 이제 치매는 국가가 책임지고 관리해야 할 시기라고 판단했다. 치매국가책임제라는 이름도 내가 지었는데, 처음 제안했을 때는 거절당했었다. 포기할 수 없어 반복해서 제안했고, 세 번째가 되어서야 공약으로 받아들었다. 당시 영부인이었던 김정숙 여사의 어머니, 즉 문재인 전 대통령의 장모께서도 치매가 있어 상황의 심각성을 알게 되어 공감대를 얻게 된 것으로 판단하고 있다.

몸이 불편하다는 이유만으로 사람은 차별받지 않아야 한다.

　　　　　　　　　　대통령의 스피치

차별받고 있다면 참고 숨죽이며 사는 시대가 아니다. 자신의 주장을 설득력 있게 관철해야 하는데, 그것이 나의 이야기를 말할 권리다. 그것이 곧 스피치의 필요성이며, 자기 트라우마의 회복과 자아 긍정의 전략이 필요한 이유다.

아리스토텔레스 설득의 3가지 방법론

대중을 사로잡는 세 가지 방법론을 살펴보자. 아리스토텔레스가 《수사학》에서 규정한 개념인데, 첫째는 로고스(Logos), 둘째는 파토스(Pathos), 셋째는 에토스(Ethos)다. 로고스는 논리적 호소이고, 파토스는 감정적 호소를 핵심으로 삼는다. 에토스는 화자의 자격이나 신뢰를 강조하여 자신의 주장을 호소하는 방식이다.

논리적으로 상대를 설득하는 로고스 방식은 스피치의 기본이자 기초다. 흔히 이성의 원리를 의미한다. 일반적으로는 스토아 학파가 중시한 개념으로, 스피노자 등의 사상가들이 차용했다고 알려져 있으며, 서구 철학의 대전제이자 가장 주요한 개념 중 하나가 로고스였다고 한다. 김대중 전 대통령이 첫째, 둘째, 셋째의 예문을 들며 설명하던 습관은 로고스 방식을 따른 것이다. 예문은 다음과 같다.

- 폭력은 옳지 못합니다. 누구에게나 폭력을 행사해서는
  안 됩니다. 폭력은 폭력을 낳는 버릇이 있기 때문입니다.
- 차별은 왜 나쁠까요? 첫째, 위화감을 불러일으킵니다. 둘
  째. 자존감을 떨어뜨립니다. 셋째, 열등감을 불러일으킵
  니다. 그래서 차별금지법이 필요합니다.

대중의 감정에 호소하는 방식인 파토스 전략도 스피치에서
매우 유용하다. 듣는 사람의 감정을 자극해 공감을 얻어내는 방
식이다. 보편적 상식이나 사회의 정의, 쉽게 뿌리칠 수 없는 정
서, 더 나아가 연민을 불러일으킬 감정을 설명함으로써 청중의
마음을 흔드는 전략이다. 예문은 다음과 같다.

- 제가 욕한 거, 잘못했습니다. 그러나 어머니 때문에 그랬
  죠. 제가 부족했습니다.
- 아프리카의 어린이들은 매일 굶고 있습니다. 병에 걸려
  죽어가고 있습니다. 우리가 후원금을 모으고 있는 이유
  입니다.

이재명 대통령이 형수에게 욕설을 한 사건은 선거 때마다 반복적으로 거론 되었다. 가족과의 갈등과 심한 욕설이 공개되었을 때 국민들은 놀라지 않을 수 없었다. 그러나 그 원인이 자신의 어머니에게 가해진 가족 당사자들의 폭행과 욕설 때문이라는 점을 대중에게 감정에 기대어 설명한 것이다. 아울러 어린이들이 굶고 병들어 죽어가고 있는 현실 속에서 후원금을 모으고 있다는 정서를 자극함으로써 호응을 얻으려는 이러한 진술이 바로 파토스 전략이다.

에토스는 화자에 대한 믿음이나 신뢰, 자격, 전문성, 권위 등을 강조하여 대중을 설득하는 전략이다. 아리스토텔레스는 수사학에서 에토스라는 단어에 철학적 의미를 부여했다. 그의 정의에 따르면 에토스는 '화자 고유 성품'을 뜻한다. 말하는 사람의 체형, 자세, 옷차림, 목소리, 단어 선택, 시선, 성실, 카리스마 등이 모두 에토스에 속한다. 오늘날 이 단어는 민족 혹은 사회별로 특징지어지는 관습 혹은 특징을 지칭하는 데도 사용된다. 예분은 다음과 같다.

- 승객 여러분, 기장입니다. 기체가 흔들리고 있으나 제가 비행기를 운행한 지가 20년이 넘었고, 지구를 100바퀴는 넘게 돌았을 것입니다. 안전하게 모실 테니 좌석에서

그대로 대기해 주시기 바랍니다.

- 이 의약품은 하버드 대학에서 임상시험만 10년 동안 실
시한 제품이며, 임상시험 비용이 100억 달러에 달합니
다. 믿으셔도 됩니다.

화자의 경력이나 전문성, 과학적 근거, 독보적 신뢰를 줄 수
있는 요소를 강조해 설득하는 전략이 에토스다. 스스로 권위를
높이는 방식의 스피치이기 때문에 전문가, 단체, 경험, 여론 등을
충분히 활용할 필요가 있다. 결국 로고스, 파토스, 에토스를 어떻
게 활용하느냐에 따라 스피치의 성패가 갈린다. 논리와 감정과
신뢰가 조화를 이룰 때 스피치의 완성도는 더 높아지는 것이다.

노무현·박근혜·윤석열의 자아 긍정 스피치

스피치에서 대중의 마음을 사로잡으려면 아리스토텔레스가
규정한 설득의 세 가지 방법론도 중요하지만, 본질적으로는 자기
트라우마의 회복과 자아 긍정의 전략이 강화되어야 한다. 간단히
말하면 자기 자랑이다. 문제는 세련되게 화자의 장점을 드러내거
나, 경우에 따라 자랑을 숨기되 다른 방식으로 대체하는 것이다.

    대통령의 스피치

국내 정치사에 커다란 오점을 남겼지만 윤석열 전 대통령은 본의 아니게 자아 긍정의 방식으로 자신을 자랑한 적이 있었다.

사람에게 충성하지 않는다는 말은 빅히트였다. 2013년 10월 21일, 국회 법제사법위원회의 서울고등검찰청 국정감사에 윤석열 당시 여주지청장이 참석했다. 그는 국정원 댓글 사건 당시 특별수사팀에서 배제되는 등 수사 외압이 심각하다고 폭로했다. 이에 당시 새누리당 법사위 위원들이 반발했다. 새누리당 정갑윤 의원은 "증인은 사람(채동욱 전 검찰청장)에게 충성하는 것이냐?"라고 질타하듯이 물었다. 이에 윤석열 전 지청장은 "저는 사람에게 충성하지 않기 때문에 오늘 이런 말씀을 드린 것입니다"라고 답변한 것이 화제가 되었다.

사실 이 발언은 정갑윤 의원이 먼저 던진 질문에 윤석열 당시 지청장이 그대로 대답한 것일 뿐이었다. 그러나 이 발언은 희한하게도 윤석열이라는 인물이 국민의 의식 속에 가장 강렬하게 자리 잡는 계기가 되었다. 심지어 그가 대통령이 될 수 있었던 결정적 발언이었다고 해도 과언이 아니었다. 스스로 자아를 긍정한 발언에 불과했으나, 정권에 충성하지 않고 법치주의를 신봉하는 강골 검사의 이미지로 둔갑한 셈이었다. 의도한 것으로 보이지 않았지만 결과적으로는 노골적인 자기 자랑이었다.

반면 자아 긍정의 전략을 의외로 소극적으로 전개한 정치가로는 노무현 전 대통령과 박근혜 전 대통령의 사례를 들 수 있다.

> 제가 생각하는 이상적인 사회는 모두가 먹는 것 입는 것 이런 걱정 좀 안 하고 하루하루 신명나게 사는 세상입니다.
>
> — 노무현, 1988년, 부산 동구 국회의원 당선 후 연설 중에서

개인의 소박한 소원이 때로는 거대한 욕망으로 변할 때가 있다. 노무현 전 대통령은 인권 변호사로 활동하다가 김영삼 전 대통령의 제의로 김광일 변호사와 함께 통일민주당에 입당한다. 1988년 4월 제13대 국회의원 선거에서 부산직할시 동구에 출마해 당시 정권의 실세였던 민주정의당 허삼수 후보를 꺾고 당선되는 파란을 일으킨다. 그는 초선의원으로서 단순한 소원을 밝힌다. 이상적인 사회론이다. 자신의 막연한 소원을 소박하게 밝히고 있는데, 먹는 것과 입는 것 등을 걱정하지 않고 사는 세상이라고 설명한다. 이런 평범한 스피치에서 대중은 개인의 소박한 소원을 읽어낼 뿐, 장차 대통령으로서 거대한 욕망을 드

러낸 것이라 예측하기는 어렵다. 하여 노무현재단의 슬로건인 '사람사는 세상'을 주목할 필요가 있다. 대한민국 제16대 대통령으로서의 역할을 끝내고 세상을 떠나기까지 노무현 전 대통령에 대한 평가는 사람마다 다를 수 있다. 그러나 40대 초반의 초선의원이 밝힌 '이상적인 사회론'이 '사람사는 세상'으로 확대되고 전이된 것만은 분명해 보인다. 따라서 위 발언은 소박한 개인의 소원이 공인으로서 거대한 꿈을 품는 단초가 된 스피치라고 평가하고 싶다.

노무현 전 대통령이 스피치를 통해 자신의 이상을 막연하지만 광범위하게 밝혔다면, 박근혜 전 대통령은 자신의 이상을 숨기되 초월한 듯한 스피치 전략을 편다.

내 정치 원칙 중의 하나는 '자리를 갖고 일을 하지는 않겠다'는 것이다. 꼭 뭐가 되겠다는 생각을 가지고 정치를 하지 않는다. 부강한 나라를 위해 할 수 있는 역할이 있다면 책임껏 한다. 이 자리로 꼭 가야 한다는 생각은 안 해왔고, 앞으로도 않을 것이다. 나는 어렸을 때부터 계속 봐 와서 권력이 뭔지 잘 안다. 또 얼마나 허망한 것인지도 잘 안다. 그래서 나는 권력에 대한 욕심이 없다. 가족도 없는 내가 나라만을 위해 일을 해야지, 무엇을 위해 하겠나.

정치인이라면 누구나 큰 꿈을 꾼다. 기자들이 박근혜 전 대통령에게 대권에 대한 의지를 묻자 위 발언을 내놓았다. 해당 스피치의 핵심은 '자신은 권력에 대한 욕심이 없다'는 선언이다. 자신의 정치 원칙을 밝히며 '부강한 나라를 위해 할 수 있는 역할'을 강조한다. 자신의 위치나 자리가 아니라 역할에 방점을 찍은 스피치다. 아울러 어릴 때부터 아버지 박정희 전 대통령 곁에서 지켜보았기 때문에 누구보다 권력의 속성을 잘 알고 있다는 점을 내세우며, 자신은 욕심이 없다고 강조한다. 마지막으로 개인보다는 나라만을 위해 정치를 하겠다는 의지를 천명한다.

김영삼·이재명·트럼프·김대중의 '자기 중심' 스피치

대한민국의 대통령들은 모두 자신만의 드라마가 있었다. 각자의 삶이 다르듯 대중을 상대로 한 스피치도 달랐다. 눌변이지만 직선적인 스피치를 구사한 김영삼, 빠르고 날카롭지만 핵심을 찌르는 이재명, 세상의 중심은 자신이라는 의지를 밝히는 트

럼프, 논리적이면서도 자신보다는 대의에 중점을 두는 김대중
의 스피치가 그렇다.

만약 내가 하나회를 깨끗이 청산하지 않았다면 김대중 전 대통
령이나 노무현 전 대통령은 대통령에 당선되지 못했을 것이다.

— 김영삼, 2008년 우석대학교 초청 강연에서

김영삼 전 대통령의 삶도 드라마다. 야당 지도자로서 독재
에 항거하는 것은 물론이고, 라이벌인 김대중과 협력하고 결별
하면서 파란만장한 삶을 살았다. 재임 기간의 5공 청문회, 하나
회 척결, 일제 청산의 시도, 금융실명제 실시 등은 진보와 보수
진영을 떠나 인정할 수밖에 없는 업적이다. 김영삼 전 대통령은
우석대학교 초청 강연에서 군대 권력의 상징이었던 하나회 척
결이 중요했다고 강조한다. 그로써 김대중과 노무현 대통령이
탄생할 수 있었다는 점을 설명한다.

하나회는 대한민국 육군 내에 있었던 비밀 결사 조직이었
다. 전두환과 노태우가 중심이 되어 그들의 육군사관학교 11기
(1951년 입학, 1955년 임관) 동기들과 후배들을 구성원으로 하여
비밀리에 결성되었고, 친목회로 출발한 이 조직은 제3공화국
시기 박정희 당시 대통령의 은밀한 후원 속에 성장해 나갔다.

하나회 회원들은 군대의 모든 요직을 독직하고 세습하는 지경에 이르렀다. 1990년 3당 합당으로 속내를 감춘 채 하나회 숙청에 칼을 갈던 김영삼 전 대통령은 노태우의 뒤를 이어 대통령 자리에 오른다. 문민정부가 들어서고 1993년 김영삼 대통령 취임 후 전격 숙청이 단행되면서 하나회는 사실상 해체되었다. 분단국가에서 군인들의 역할과 기능이 중요한 것은 사실이지만, 군인이 권력을 독점하는 방식은 민주주의의 발전을 저해할 수밖에 없다. 김영삼 전 대통령은 자신의 업적을 설명함으로써 자아 긍정의 전략을 구사하고, IMF 사태라는 경제적 실정의 자기 트라우마를 회복하려 한 셈이다.

자기 자랑과 자아 긍정의 스피치는 이재명 대통령도 빠지지 않는다.

> 포퓰리즘으로 비난받은 정책을 많이 성공시켜 인정받았다. 앞으로도 그냥 포퓰리즘을 하겠다. 무상교복, 무상급식, 무상 산후조리 등 온갖 정책들이 다 포퓰리즘이라고 공격받았지만 지금은 다들 좋아하고 전국적으로 확대됐다.
>
> — 이재명, 2021년 8월 10일, 이동형 TV에 출연하여

이재명 대통령의 삶도 한 편의 드라마다. 소년공으로 자라

다 검정고시를 통해 대학에 들어가고 젊은 나이에 사법고시를 통과한 입지전적 인물이다. 성남시장(2010~2018)과 경기도지사(2018~2021)를 지낸 이재명 대통령은 기본소득과 복지 정책으로 서민층의 지지를 얻었다. 그러나 '포퓰리즘 정책'이라는 공격과 찬사를 동시에 받았다. 교복의 무상지원은 현재 지자체·학교별로 최초 1회(신입생)만 지원하거나, 서울처럼 모든 신입생에게 무상교복비를 지원하는 등 지역·학교에 따라 다르다. 반대를 무릅쓰고 이재명 당시 성남시장이 실시했고, 나중에는 전국적으로 확대되었다.

성남시장 시절 이재명 대통령은 전국 최초로 청년배당(연 100만 원 지역화폐), 무상급식·무상 산후조리, 성남시 의료원 확충을 도입해 복지 기반을 닦았다. 특히 대장동 개발 사업은 약 5,500억 원의 공공이익을 환수했다고 주장하지만, 민간 초과 이익 논란으로 여전히 정치적 공방의 중심에 있다. 경기도지사 재임 시절에는 청년기본소득을 경기도 전역으로 확대하고 공공배달앱 '배달특급'으로 소상공인을 지원했다. 코로나19 재난 기본소득(1인당 10만 원)과 계곡 불법 영업 정비도 주목받았다.

결국 이재명 대통령은 유튜브에 출연해, 사람들은 자신의 업적을 포퓰리즘이라고 공격하지만 시민과 도민, 더 나아가 국민을 위해서라면 포퓰리즘을 계속 이어가겠다고 천명한다. 공격받았던 정책이 지금은 다들 좋아하고, 전국적으로 확대되었다는 평가까지 덧붙여 노골적으로 자랑한 것이다. 자아 긍정과 자기중심에 방점을 찍는 스피치다.

트럼프는 세상이 자기를 중심으로 돌아간다는 스피치를 구사한다.

> 솔직히 그(김정은)가 약속을 진짜 지킬 거라 생각합니다. 물론 아닐 수도 있어요. 6개월 후에 여러분 앞에 서서 "이 봐들, 내가 그때 틀렸어" 그럴 수도 있죠. 제가 인정할진 모르겠지만요. 그때는 제가 핑계를 댈 겁니다. 마지막 질문?
>
> — 트럼프, 2018년 6월, 싱가포르 북미정상회담 종료 후

2018년 6월 12일 세계의 이목은 싱가포르로 쏠렸다. 이날 도널드 트럼프 미국 대통령과 김정은 북한 국무위원장이 싱가포르에서 정상회담을 가졌기 때문이다. 사상 최초로 이뤄진 북미 정상 간 회담이어서 전 세계 언론이 주목했다. 이 회담에서 두 정상은 완전한 비핵화, 평화체제 보장, 북미 관계 정상화 추진, 6·25 전쟁 전사자 유해 송환 등 4개 항에 합의했다. 문제는 정상회담 이후 트럼프의 스피치에 기자들의 관심이 집중되었다는 점이다. 김정은 위원장이 약속을 지킬 것이라고 생각하지

만 아닐 수도 있다는 전제를 깐 것이다. 약속이 지켜지지 않았을 경우 '인정하고 말고'의 주체는 자신이라는 분위기를 남긴다. 더군다나 약속을 어기면 자신도 핑계를 댈 수밖에 없다고 진술한 뒤, 기자들의 이어지는 질문을 차단하듯 '마지막 질문'은 무엇이냐고 되묻는다. 세상을 자기중심으로 끌어들이는 자신감 넘치는 화법이자 능수능란한 스피치가 아닐 수 없다.

김대중 전 대통령의 스피치는 자기중심적 요소를 유지하면서도 개인인 자신보다 대의에 방점을 찍는다.

> 사형수와 대통령, 그것은 내 삶의 상징이다. 사형수가 대통령이 된 것은 하나의 기적이었다. 그 기적은 나의 것이기도 하지만 국민이 일궈낸 현대사의 기적일 것이다.
>
> — 김대중, 《김대중 자서전 1》 중에서

김대중 전 대통령은 자기 객관화를 시도한다. 사형수가 대통령이 된 것은 기적이라고 말하고, 그 기적은 나의 것이기도 하지만 국민이 일궈낸 것이며 현대사의 기적이라고까지 확대한다. 나와 국민과 현대사로 의미를 확장함으로써 자아 긍정과 자기중심의 스피치를 동시에 완성한다. 매우 전략적이면서도 세련된 자기 자랑의 표본이다.

스피치에서 호흡이 중요한 이유

내가 MBC 성우로 입사해 라디오 드라마를 할 때, 제대로 호흡을 내지 못해 고통을 겪었다. 호흡은 숨을 쉬는 과정에서 자연스럽게 흘러나오는 소리라고 할 수 있겠다. 선배들이 대사의 감정에 맞는 적절한 호흡을 낼 때 나는 왜 안 되는지 괴로워 머리를 쥐어뜯었었다. 내 고민을 들은 선배는 말했다.

"몰입하지 않아서 그래. 네가 맡은 배역에 충실하지 않아서지. 더 세심히 분석해 봐. 희로애락이 보이고 들릴 거야. 그때 호흡은 저절로 나와."

호흡은 노인이 앉거나 일어설 때, 생때같은 자식을 잃었을 때, 삶이 피폐해져 이러지도 저러지도 못할 때, 그리고 수많은 일들을 온몸으로 뼈저리게 겪었을 때나 나오는 소리다. 시간이 지나 어느 날 나는 신기하게도 호흡을 낼 수 있게 되었다.

방송이나 유튜브 등에서 말(스피치)을 할 때 가장 중요한 것은 호흡이다. 호흡에는 반호흡과 한호흡이 있다. 쉽게 말해 발언 중 어느 지점에서 끊어 읽을 것인가, 끊지 않고 읽을 것인가, 아니면 포즈(쉼)를 얼마나 유지할 것인가가 중요하다는 뜻이다. 연설문에는 표식이 되어 있지 않게 마련인데, 쉼표가 반호흡이고 마침표가 한호흡이며 그 외에는 호흡을 끊지 않고 문맥에 맞게 긴호흡으로 읽고(말하고), 강세와 장단음과 속도(텐션)를 지켜야 한다. 문장이나 말에 표식을 하여 지키는 것이 그만큼 중요한데, 정치 지도자들의 연설문을 들을 때면 그러한 원칙이 지켜지지 않는 경우가 허다하다. 글로 표현하자면 맞춤법이나 띄어쓰기를 지키지 않은 것과 같다. 스피치는 글과 달라서 화자의 말이 들려야 하는데, 많은 연설자들이 청자에게 들리지 않는 말을 해온 것이다.

사실 유권자로서 대통령을 뽑는 일은 굉장히 쉬운 일이다. 통치자의 화법을 보면 알 수 있기 때문이다. 화법이 결국 정권의 통치 방식을 보여준다. 박정희와 전두환 전 대통령의 위압적이고도 경직된 화법에서 우리는 정권의 폭압을 충분히 짐작할 수 있었다.

Part 3

듣는 사람의
마음을
움직이는 힘

05

폐는 스스로 작동하지 않는다
감각과 감수성의 전략

감각과 감수성의 차이

감정, 감성, 감각, 감수성 등은 어떻게 다를까. 사전적으로 보면 '감정'은 어떤 현상이나 일에 대하여 일어나는 마음이나 느끼는 기분이고, '감성'은 자극이나 자극의 변화를 느끼는 성질이다. '감각'은 외부의 물리적 자극에 의해 인간의 의식에 변화가 생기는 것을 의미하며, '감수성'은 외부 세계의 자극을 받아들이고 느끼는 성질인데, 넓은 의미로 감각의 예민성이라고 볼 수 있다. 감정과 감성이 자극에 대한 기분과 성질이라면, 감각과 감수성은 자극에 대한 변화와 태도라고 봐야 한다.

'감각'과 '감수성'은 또 많은 차이가 있다. 파스칼이 '감각은 거짓된 겉모양으로 이성을 혼미시킨다'고 주장한 글을 본 적이 있다. 감각적인 것에 대한 부정적인 의견이다. 감수성이 너무 강하면 불행을 가져오고, 너무 약하면 범죄로 이끈다는 말도 들은 적이 있다. 마찬가지로 감수성에 대한 부정적인 평가다.

그러나 스피치에서는 감각적인 방식도 필요하고 감수성이 높은 방식도 중요하다. 고통의 '감각'이야말로 온갖 경험 중에서 지극히 개인적인 것이어서, 같은 고통을 당한 사람은 감각적으로 그 고통에 강하게 공감할 수밖에 없다. 프랑스의 문호 라로슈푸코는 《잠언과 고찰》에서 '일신상의 행과 불행은 그 크기에서가 아니라 감수성에 따라서 우리에게 엄습해온다'고 설명하며 감수성의 의미를 강조한다. 또한 시인 보들레르는 '누구의 감수성도 멸시할 것이 아니다. 그 사람의 감수성, 그것이야말로 그의 천품'이라고 말하면서 감수성의 중요성이 확대되기 시작한다.

사실 말과 글에서 감각적인 표현을 사용했을 때, 이보다 큰 효과를 내는 경우도 드물다. 오감을 활용한 말과 글은 인간의 마음을 빠르게 흔들어 공감으로 이끄는 경우가 많기 때문이다. 아울러 주로 예술 분야에서 주목받았던 감수성이 이제는 모든 분야에서 필요한 요소로 평가되고 있다. 말과 글에서 감수성이 돋보이는 표현을 쓴다면 효과는 당연히 커진다. 이제는 형태와 내용을 가리지 않고 전방위적으로 활용해야 하는 개념으로 감수성이 부각된 것이다. 쉽게 말하면 감각적인 스피치에서 감수성 높은 스피치로 발전하고, 감각이 뛰어난 정치에서 감수성이 충만한 정치로 발전하는 시대가 도래한 것이다.

따라서 이번 장은 감각의 스피치와 감수성의 스피치를 통해 무엇이 같고 무엇이 다른지를 찾아가는 여행이 될 것이다.

'해녀호흡'과 '생각정리'의 스피치

스피치에서는 폐의 활용이 절대적이다. 폐는 공기 중의 산소를 얻어 혈액에 공급해주고, 혈액이 운반한 이산화탄소를 몸 밖으로 내보내는 기능을 한다. 호흡의 절대적인 기능을 담당하기 때문에 올바른 스피치를 하려면 폐활량을 높여야 한다. 그러나 우리 몸의 폐는 스스로 작동하지 않는다. 폐에는 신경이나 근육이 없어 스스로 작동하지 않고, 주변 호흡근들에 의해 수동적으로 작동한다.

호흡 훈련은 사실 폐 주변 근육을 활성화하는 것을 두고 하는 말이다. 주변 근육은 횡격막, 늑간근, 복부 내부 근육 등이며, 이 근육들을 강화하는 것이 곧 호흡 훈련이다. 다시 말해 호흡 훈련의 상징인 '해녀호흡'은 해녀가 물속에 들어가기 전에 폐의 횡경막과 늑간근 등 주변 근육을 펼치고 늘리듯, 폐에 공간을 마련하는 훈련이다.

내가 정치권에 제안해 성사된 시각장애인을 위한 '소리·수어 공약집' 제작이나, 치매 가족을 위한 '치매국가책임제' 같은 공약 제안은 어쩌면 '해녀호흡'의 과정이었다. 처음부터 폐가 스스로 작동한 게 아니었다. 동료들과 함께 홀트아동복지회 등에서 10년 넘게 봉사활동을 하면서 몸이 불편한 사람들에 대해 관심을 갖게 되었고, 그 과정에서 감각과 감수성이 열리게 된 셈이었다.

해녀호흡에 이어 스피치에서는 '생각정리'가 선행되어야 한다. '생각정리'는 생각을 통해 내용이나 형식을 실행한다는 의미다. 글이나 발언의 토대가 생각에서 비롯된다는 점에서 말과 글은 꽤 닮았다. 글을 쓸 때 두괄식으로 쓸 것인가, 미괄식으로 쓸 것인가를 정하고 기승전결을 통해 써 내려가듯, 말 또한 그러하다. 그래서 말과 글의 전제로 삼아야 할 것은 생각을 정리하는 일이다. 얼마나 생각을 잘 정리하느냐에 따라 글의 독자처럼 말의 청자를 설득할 수 있다. 생각이 잘 정리되어야 청자에게 잘 전달되니 더없이 중요하다. 무엇을 쓸까, 무엇을 말할까를 생각하지 않고 쓰거나 표현한다면 설득은커녕 전달조차 쉽지 않기 때문이다. 생각정리는 스피치의 여러 요소 중에서도 가장 중요한 요소라 할 수 있다. 생각정리를 면밀히 실행하지 못했기 때문에 사람들은 스피치가 두려운 것이다.

이재명 대선 후보가 내게 말했었다.

"사람들이 저더러 날카롭대요."

감각적으로 보면 이재명 후보의 말투가 날카로운 것은 사실이었다. 평소에는 말투가 부드러운 사람도 토론회에서 논쟁을 벌일 때는 경직될 수밖에 없다.

"날카로워 보이시긴 해요. 부드럽게 보시고, 부드럽게 말씀하시면 됩니다."

에둘러 말할 필요는 없었다. 이론적으로 설명해 봐야 효과를 기대하기 어려웠고, 실용적인 말들을 전해 봐야 귀에 들어갈 리 없었다. 나중에 이재명 후보에게 연락했다.

"고달팠던 그 시절 그곳으로 가세요. 환경이 거칠고 열악해서 상처 주었던 어른들과 철부지 또래 아이들이 던진 상처의 기억들을 모두 다 끊어 내세요."

스피치에 대한 조언으로 던진 메시지치고는 어이없었을 것이다. 그러나 인간 이재명은 처음부터 딱딱한 사람이 아니었을 것이다. 부드럽고 따뜻한 사람이었을 것이 분명했다. 생채기가 그를 괴롭혔을 것이고, 차별과 모욕이 그를 날카롭게 만들었을

것이었다. 사람들에게 언제나 따뜻했던 이재명을 찾는 게 급선
무라고 생각했다.

감각적인 스피치는 공감을 부른다

두 개의 스피치가 있다.

① 어제는 폭우가 쏟아졌는데, 20년 만에 최대 강우량이라
　서 너무 놀랐어.
② 어제는 폭우가 쏟아졌는데, 흙탕물이 무릎 위를 넘었고
　차가운 빗물이 세차게 등짝을 때렸는데 온수로 샤워했
　더니 죽다가 살아난 기분이었어.

①과 ②의 스피치는 어떤 차이가 있을까. ①은 구체적인 숫
자의 정보를 제공했지만 전달력이 약하다. 듣는 사람으로서는
비가 얼마나 왔는지 짐작이 가지 않는다. 반면 ②는 폭우에 대
한 실감이 난다. 감각적인 표현을 동원했기 때문이다.
　말이나 문장이 청자의 공감을 얻으려면 인간의 오감을 자극
하는 표현을 쓰는 것이 가장 효과적이다. '흙탕물'과 그 수위가

　　　　　　　　　　　　　대통령의 스피치

'무릎'을 넘었다는 표현에서 시각적 자극이 있고, '차가운' 빗물이 등짝을 때리다가 이후에는 '온수'로 몸을 씻으니 다시 살아난 것 같다는 표현에서 촉각으로 느낄 수 있는 공감을 얻은 셈이다.

아울러 말이나 문장이 청자의 공감을 얻으려면 구체성을 띠어야 한다. 추상적이거나 관념적인 표현은 글에서도 독자의 관심을 끌기 어렵고, 스피치에서도 청자의 이목을 집중시키기 어렵다. 다음의 스피치를 보자.

① 재래시장에 갔는데 좌판 위에 있는 생선이 비에 젖고 있었어. 불쌍해 보이더라.
② 망원시장에 갔는데 생선가게 좌판 위에 있는 갈치가 이슬비에 젖고 있었어. 내 모습 같아서 울었어.

①의 진술은 일반적인 문장이고 구체성이 떨어져 공감을 얻기 어렵다. ②의 진술은 '재래시장'이라는 추상적인 단어를 지우고 '망원시장'이라는 구체성을 띠어 장소를 쉽게 떠올릴 수 있게 한다. 아울러 '생선'이라는 추상적인 단어 대신 '갈치'라는 구체적인 종류를 제시해 누구나 머릿속에 장면을 그릴 수 있게 했고, '비'라는 추상명사 대신 '이슬비'라는 구체적인 단어를 사

용해 연상을 돕는다. 더군다나 '생선을 보고 불쌍해 보였다'는 진술보다 '갈치를 보니 내 모습 같아서 울었다'는 표현이 청자의 공감을 더 쉽게 이끈다. 감각적인 문장이나 진술은 구체성을 띨수록 극대화된다.

따라서 청자의 공감을 얻으려면 오감을 자극하는 감각적 진술과 구체적 표현을 활용해야 한다. 아울러 권하고 싶은 것은 개인의 감정, 즉 파토스를 활용하는 일이다. 앞서 설명한 대로 감정은 어떤 현상이나 일에 대하여 일어나는 마음이나 느끼는 기분인데, 상식이나 정의, 정서나 연민을 자극한다면 청중의 마음을 사로잡을 수 있다.

1973년 8월 8일, 도쿄의 한 호텔에서 한 남자가 납치되었다. 납치된 사람은 당시 야당 지도자였던 김대중이었고, 납치범들은 대한민국 중앙정보부 요원들이었다. 김대중은 배에 실려 수면제 주사를 맞은 채 바닷속에 던져질 운명이었다. 그를 구한 것은 미국의 정보였고, 일본의 외교적 개입이었다. 이때의 상황을 김대중은 다음과 같이 적었다.

바닷속에서 맞이할 최후의 모습이 어른거렸다. 물속에서 쇳덩이를 벗길 수 있을까?

몇 분이면 모든 것이 끝날 거야. 고통도 사라지겠지. 그러면 내 고단한 삶도 끝이 날 거야. 이 정도 살았으면 된 것 아닌가. 그러자 다른 생각이 떠올랐다. 아니다. 살고 싶다. 살아야 한다. 아직 할 일이 너무 많다. 상어에게 하반신을 뜯어 먹혀도 상반신이라도 살고 싶다.

— 김대중, 《김대중 자서전 1》

죽음 앞에서 겪어야 했던 심정을 쓴 감각적인 글이다. 배에 올라탄 정황과 바다에 던져졌을 때 쇳덩이를 벗길 수 있을지의 구체적 상황을 묘사했다. 더군다나 할 일이 많아서 상어에게 하반신을 뜯어 먹혀 상반신이라도 살고 싶다는 솔직함을 토로하며 감정에 호소하고 있다.

오감 자극, 구체성, 그리고 감정에 호소하는 스피치는 정치에도 그대로 적용된다. 나는 가까운 사람들에게 '정책은 곧 감각이다'라는 표현을 자주 쓰는데, 여기에 구체성을 확보해 감정에까지 호소한다면 효과는 더 커진다. 시대의 요구나 메시지를 가장 빠르게 적용하는 게 정치다. 내가 정치권에 제안해 받아들여졌던 '소리·수어 공약집'도 일반적인 정책이자 공약이지만, 따지고 보면 시대가 요구하는 감각이다. 특히 '치매국가책임제'가 문재인 전 대통령 대선 후보의 1호 공약이 될 수 있었던 것도 그 시절에 맞는 정책이었고 소구력이 충분했기 때문이었다.

지난 대선 때 관심을 끌었던 탈모인을 위한 의료 정책도 마찬가지고, 반려견·반려묘를 위한 보험 적용 같은 정책들도 시대가 요구하고 오늘을 사는 현대인들에게 꼭 필요한 메시지였다. 더 나아가 탈모뿐 아니라 눈썹에 대한 의료 지원도 고민해 봐야 하는 시대다. 그런 정책을 입안하는 것이 정치적 감각인 것이다.

스피치에도 불어오는 감수성의 혁명

감각적인 스피치에 이어 발전적인 도약을 위해 학습해야 하는 과제는 감수성에 기반하는 스피치다. 감각이 '느낌'이라면 감수성은 '반응'이다. 감각적인 스피치가 다양한 콘텐츠라면, 감수성 높은 스피치는 적극적인 행동인 셈이다. '정치'를 '스피치'에 대입해도 좋을 것이다. 감각적인 정치에서 감수성 높은 정치로 발전하는 시대인 것이다.

감수성은 쉽게 길러지지 않는다. 책을 여러 권 읽는다고 생기는 게 아니다. 어쩌면 젊었을 때만 존재하다가 사라져 버린 개념인지도 모른다. 예전 이어령 문학평론가는 감수성에 대해서 다음과 같이 말했다.

    대통령의 스피치

늙어갈수록 감수성이 무디어진다. 감수성은 젊음만이 지닐 수 있는 월계관이다. 그래서 감수성에는 미숙한 떫은 맛이 있다.

— 이어령, 《문장사전》

이어령은 '감수성은 젊음만이 지닐 수 있는 월계관'이라고 주장했지만, 생각과 마음이 젊다면 감수성은 얼마든지 지닐 수 있다는 얘기가 된다.

결국 정치 지도자들에게 가장 필요한 것은 감각 이후에 감수성을 갖추는 일이다. 우리는 스피치의 감각에 기반하여 감수성을 길러야 한다. 대중에 대한 감각, 서민에 대한 감각, 아픈 자들에 대한 감각, 외로운 자들에 대한 감각, 고난을 겪고 있는 사람들에 대한 감각, 노동자들에 대한 감각, 을에 대한 감각이 존재한다. 그러나 이제는 대중에 대한 감수성, 서민에 대한 감수성, 아픈 자들에 대한 감수성, 외로운 자들에 대한 감수성, 고난을 겪고 있는 사람들에 대한 감수성, 노동자들에 대한 감수성, 을에 대한 감수성으로 발전해야 하는 것이다.

이제 감각적이고도 감수성이 높았던 대통령들의 스피치를 살펴보자.

하늘이 그리웠다.

— 김대중,《아사히신문》

1978년 12월 27일 석방 직후, 김대중 전 대통령이 수감생활을 주제로 일본《아사히신문》에 보낸 기고문의 제목이다. 김대중 전 대통령은 5번의 죽을 고비를 넘겼고 6년의 감옥 생활을 했다. 감옥도 감옥 나름, 그곳은 사회와 차단된 감옥 내에서도 특별히 더 차단되어 하늘도 제대로 볼 수 없을 정도였다.

김대중 전 대통령의 '하늘이 그리웠다'라는 기고문 제목은 많은 것을 포함하고 있다. 자유에 대한 그리움도 담겨 있고, 하늘을 쳐다볼 수 없을 정도로 최소한의 인간적인 권리조차 제대로 받지 못했던 상황에 대한 항의도 담겨 있다. 죽음의 문턱에서 생과 사를 오갈 때 경험하게 되는 불안과 혼돈은 누구나 이겨낼 수 있는 것이 아니다. 그러나 그는 '하늘'이 내포한 시각적 효과를 살리고, '그리웠다'라는 감정에 호소하는 진술로 공감을 얻었다.

감각적이고 감수성이 드러나는 이재명의 진술을 살펴보자.

죄송합니다. 그냥 죄송합니다. 저도 그 역할을 다하지 못했습니다. 국가의 가장 가장 큰 의무는 국민의 목숨을 지켜주는 일입니다. 한 번의 일이 벌어지면, 반성하고 다시는 그런 일이 생기지 않게 했어야 합니다. 우리가 남의 일로 외면하고 관심 갖지 않았기에 똑같은 일이 반복되고 말았습니다. 제 잘못입니다. 우리 모두의 잘못입니다.

— 이재명, 세월호 1주기 추모식에서

2014년 4월 16일, 전라남도 진도군 관매도 부근 해상에서 배가 침몰했다. 세월호였다. 사망자는 299명이었고, 실종자는 5명이었다. 원인은 선체 결함, 정비 불량, 화물의 과적과 고박 불량으로 분석되었다. 국민의 공분을 산 것은 많은 사람들을 구조할 수 있었던 사고였는데도 불구하고, 막대한 피해를 남겼다는 점이었다. 침몰 당시 선장을 포함한 일부 선원들의 직무유기, 해경과 정부의 무능한 사고 대응으로 인해 피해가 더욱더 커졌다. 특히 피해자들이 대부분 미성년자였다는 점이 문제였다. 당시 세월호에는 안산시 단원고등학교 학생 325명과 교사 14명이 타고 있었다. 더군다나 당장 탈출을 시도했어야 하지만 구출될 때까지 가만히 있으라는 어른들의 오판까지 알려져 공분을 샀다. 생중계된 구조 작업에도 성과가 없어 국민의 울분을 산 것이다.

이재명 대통령의 추도사는 정치적 감각과 감수성이 깃들어 있다. 죄송하다는 사과를 두 번 반복하며 주목을 끈 이후 '국가의 의무'를 꺼내 든다. 공감을 일으키는 동시에 반복된 잘못을 나무라고, 사람들의 무관심을 한탄하며 잘못을 자신에게 혹은 '우리'의 잘못이라고 규정한 것이다. 나쁜 결과를 '나와 우리'의 잘못으로 규정하는 태도는 슬픔에 대한 공감과 상황을 올바르게 읽어낸 감수성이 받쳐주지 않았다면 결코 나오기 어려운 표현이었다.

> 일본의 이 망언까지 하면 건국 이래 서른 번은 하는 것 같습니다. 그래서 일본의 버르장머리를 기필코 고쳐야 합니다. 문민정부의 당당한 도덕성에 입각해서 과거의 군사 정부와 다르다는 것을 일본에 보여줄 필요가 있다고 생각합니다.
>
> — 김영삼, 1995년 기자회견 중에서

김영삼 전 대통령의 해당 발언은 당시 다카미 일본 총무청 장관이 식민지 시절 일제가 한반도, 조선을 도와서 좋은 일을 했다고 발언한 것에서 비롯되었다. 그동안 역대 대통령 중 누구도 일본에 대해 이처럼 직설적으로 발언한 적이 없었다. 김영삼 전 대통령이 '버르장머리'라는 비속어까지 동원한 것은 사실

     대통령의 스피치

외교적 결례였다. 원고에도 없던 발언이었지만, 우리 국민의 입장에서는 속이 시원하게 뚫리는 발언이었던 것이다. 정치적 감각과 감수성도 읽히는 스피치였던 셈이다.

2009년 5월 23일 새벽 5시 21분, 노무현 전 대통령은 스스로 목숨을 끊기 직전에 유서를 남겼다.

너무 많은 사람들에게 신세를 졌다. 나로 말미암아 여러 사람이 받은 고통이 너무 크다. 앞으로 받을 고통도 헤아릴 수가 없다. 여생도 남에게 짐이 될 일 밖에 없다. 건강이 좋지 않아서 아무것도 할 수가 없다. 책을 읽을 수도 글을 쓸 수도 없다.

너무 슬퍼하지 마라. 삶과 죽음이 모두 자연의 한 조각 아니겠는가?

미안해하지 마라. 누구도 원망하지 마라. 운명이다.

화장해라. 그리고 집 가까운 곳에 아주 작은 비석 하나만 남겨라. 오래된 생각이다.

— 노무현, 유서 전문

컴퓨터에 관심이 많았던 대한민국 대통령답게 노무현 전 대통령의 유서는 아래 한글 파일로 저장되어 있었다. 유서가 공개되자 온 국민이 충격에 빠졌다. 전직 대통령의 자살이라는 충격적인 사건도 문제였지만, 감정과 감수성을 송두리째 흔드는 표현에 더 큰 충격이었다. 정치적 압박에 시달리는 개인 노무현의 고뇌가 적나라하게 드러나고, 자신으로 인해 신세진 사람들에게 고통을 준 것에 대한 염려도 선명히 드러난다. 아울러 자신은 "책을 읽을 수도 글을 쓸 수도 없다"고 고백한다. 특히 "누구도 원망하지 마라. 운명이다"라는 감수성이 폭발한 표현은 읽는 사람들의 가슴을 친다.

유서의 내용대로 노무현 전 대통령은 화장되어 집 가까운 곳에 묻혔다. 국립현충원에 묻히지 않은 대통령으로는 가족 묘지에 묻힌 윤보선 대통령에 이어 두 번째였다. 한편, 노무현 전 대통령이 유서에 남긴 "운명이다"라는 표현은 19대 대통령이 되었던 문재인 전 대통령의 자서전에서 소환된다.

대통령은 유서에서 '운명이다'라고 했다. 속으로 생각했다. 나야말로 운명이다. 당신은 이제 운명에서 해방됐지만, 나는 당신이 남긴 숙제에서 꼼짝하지 못하게 됐다.

― 문재인, 《문재인의 운명》 중에서

   대통령의 스피치

06

설득보다 공감이 먼저다

혼돈과 반전의 전략

스피치의 기본 원칙 3가지와 공감력

화자의 입장에서 원활한 소통을 위해 지켜야 할 3가지 원칙이 있다. 첫째는 선명성(clarity), 둘째는 간결성(brevity), 셋째는 진실성(sincerity)이다. 말이나 글은 선명성을 높여야 한다. 추상적인 단어나 뚜렷하지 않은 개념을 활용할수록 말과 글은 모호해져 선명성이 떨어진다. 같은 단어라도 중의적 뜻을 가진 단어는 피할 필요가 있고, 이 뜻인지 저 뜻인지 확실하지 않은 말과 글은 활용하지 않는 것이 좋다. 말이나 글은 간결할수록 좋다. 말이나 글을 짧게 하라는 뜻이 아니라, 장황한 표현을 피하고 군더더기 표현을 과감히 생략하라는 의미다. 진실성은 모든 말과 글의 기본이 되어야 한다. 거짓, 자랑, 과장, 편견, 오만 등을 버리고 진심을 담아야 말과 글이 공감을 얻을 수 있다.

사람을 설득하기 위한 여러 가지 방식이 있지만, 가장 먼저 선행되어야 할 것은 공감이다. 한마디로 공감은 남의 의견이나 감정에 '자기도 그렇다'고 느끼는 행위다. 아울러 공감은 상대방 입장에 서서 그들이 경험한 바를 이해하거나, 다른 사람의 입장에서 생각해 보는 행위다. 남의 슬픔이나 분노, 공포 등을 함께 공유하는 것이다. 공감의 종류에는 크게 인지적 공감(cognitive empathy), 감정적 공감(emotional empathy)을 주축으로 학자에 따라 여러 세부 분류가 존재한다. 문학가들은 공감에 대해 어떻게 표현했는지 살펴보자.

> 만 명의 사람 가운데 가장 위대한 것은 만인을 위해 고동하는 공감을 지닌 사람이다.
>
> — 롤랑, 《여성의 벗들》 중에서

> 사람과 사람이 가까워지는 데는 침묵 속의 공감이라는 방법밖에는 다른 방법이 없는 것 같다.
>
> — 린저, 《생의 한가운데》 중에서

> 공감, 그것은 피아노와 손의 관계처럼 마음이 마음을 건드

   대통령의 스피치

리는 하나의 음악이다.

— 이어령, 《문장사전》 중에서

프랑스 작가 롤랑은 공감을 가진 사람이 위대하다고 주장하고, 독일의 작가 린저는 침묵 속의 공감이 사람과 사람이 가까워지는 유일한 방법이라고 추측한다. 이어령 문학평론가는 마음이 마음을 건드리는 것이 공감이라고 설명한다.

한국 성우 역사상 최초로 명예 성우직을 받은 사람이 있었다. 타오르는 불길 속에서 훈련된 목소리로 이웃들을 구하고 향년 28세로 세상을 떠난 의인, 그의 이름은 안치범이었다.

2016년 9월 9일 새벽 4시경, 한 남성이 마포구에 있는 21개 원룸이 있는 5층짜리 건물에 불을 질렀다. 동거녀가 헤어지자는 말에 격분해 저지른 화풀이 방화였다. 이때 건물에 불이 난 것을 알아차린 어느 청년이 119에 신고한 다음, 연기가 가득 찬 건물 안으로 홀로 뛰어들어 갔다. 집집마다 돌아다니며 벨을 누르고 문을 두드리고, 불이 났다고 소리치며 이웃들을 모두 대피시켰다. 그러나 정작 본인은 5층 계단에서 연기에 질식해 쓰러졌다. 손에 심한 화상을 입은 채였다. 소방관들이 구조해 급히 병원으로 후송했으나 며칠 후 숨을 거두고 말았다.

의인 안치범은 생전에 성우를 꿈꿔온 청년이었다. 사건이 알려지자 슬픔에 공감한 사람들이 순식간에 늘어났다. SNS에서 사람들의 반응이 뜨거웠다. 많은 성우들이 안타까워했고 고인을 애도하는 트윗을 올렸다. 한국성우협회 명예이사장인 배한성 성우가 고인의 빈소를 찾아와 조문했다. 당시 더불어민주당 문재인 전 대표는 안치범 청년의 양친을 방문해 '고인이 의사자로 지정될 수 있도록 돕겠다'는 뜻을 밝혔다. 문재인 전 대표가 아들의 죽음에 대해 자신의 일처럼 공감해준 것에 감동해 안치범의 아버지는 문재인 전 대표의 지지 의사를 밝히며 '문재인과 함께하는 사람들'에 합류했다. 공감의 결과였다.

2016년 10월 27일, 안치범 청년은 세월호 침몰 사고 당시 친구에게 자신이 입고 있던 구명조끼를 벗어준 정차웅 군과 함께 의사자로 인정되었다. 그리고 국립대전현충원 의사상자 묘역에 안장되었다.

사후에 성우협회에서는 안치범 청년을 명예성우로 위촉해 위로했다. 사실 안치범 청년은 내가 운영하던 성우아카데미의 아끼던 제자였다. 그때만 생각하면 가슴이 아프지만, 수많은 사람들이 제자의 죽음과 슬픔에 아낌없이 공감해주어서 고맙게 생각한다. 인간의 공감력은 세상을 발전시키는 희망의 불씨라고 생각한다.

혼돈과 반전의 스피치 효과

　말과 글에서 혼돈과 반전의 전략을 실행하기 위한 공통 과제는 상식의 파괴다. 일반적이고 상식적인 주장만으로는 청자의 마음을 흔들 수 없다. 화자의 진술이 누구나 알고 있는 정보이거나 예상 가능한 내용을 담고 있다면 청자는 흥미를 잃는다. 결국 화자는 청자가 생각하지 못했던 도발적인 질문을 던지거나, 그들이 가지고 있던 정보를 무너뜨리는 전개로 혼란과 긴장을 만들어내야 한다.

　혼돈 전략의 사례를 보자. 죽음을 앞둔 할머니가 가족들을 모아놓고 유언처럼 말을 꺼낸다. 죽기 전에 다이아몬드반지를 손에 끼워보고 싶다는 것. 그 얘기를 들은 가족 중 한 명이 옆집에 가서 반지를 빌려온다. 다이아몬드반지를 손가락에 끼워본 할머니는 흐뭇한 미소를 짓는다. 그런데 갑자기 할머니가 반지를 빼더니 입 안에 넣고 삼켜버린다. 잠시 후 할머니는 숨을 거둔다. 상식에서 벗어나는 행동이다. 이런 일이 벌어졌다면 가족들은 혼돈에 빠질 수밖에 없다. 뒷이야기와 진술이 궁금해지고, 청자들은 화자의 말에 주목하게 된다.

　청자를 혼돈에 빠뜨리기 위한 질문도 던져보자.

미국과의 관세협상 중에서 소위 마스가는 잘 된 협상일까요? 치명적으로 세 가지의 문제점이 있습니다.

도발적인 질문이 던져지면 사람들은 당황하며 화자의 말에 집중하게 된다. 문제점이 타당한지 아닌지는 들어보면 알게 된다. 중요한 것은 '치명적인 문제점'이 무엇인지 주목하게 만드는 데 성공했다는 점이다.

성탄절에 대해 얼마나 알고 계신지, 크리스마스에 관한 오해와 진실을 말해 보겠습니다. 크리스마스와 산타클로스는 관계가 없다? 관계가 있으면 O, 없으면 X입니다.

— 이수영, 〈차이나는클라스〉 중에서

정답은 바로 '관계가 없다'였다. 질문 자체는 이미 긴장을 전제로 한다. 관계가 있다면 굳이 질문할 이유가 없고, 관계가 없다고 해도 자세한 정보를 알 수 없기 때문에 사람들은 집중한다. 산타클로스는 4세기 소아시아의 성 니콜라스 주교에서 유래했으나, 크리스마스의 의미와는 별개로 발전했다. 크리스마스는 예수 그리스도의 탄생을 기념하는 날이고, 산타클로스는 성 니콜라스에서 유래한 인물로, 두 전통은 기원과 의미가 다르다. 산타클로스가 크리스마스의 기원과 직접 연결된 것은 비교적 최근의 일이다.

> 산타는 1초에 822가구를 돌아야 하기 때문에 선물을 전달하는 게 아니라 레이저로 쏜다고 봐야 한다.
>
> ― 유투버 궤도, JTBC 뉴썰

과학 유튜버 궤도와 JTBC 아나운서 강지영이 나눈 대화다. 황당한 주장이라 듣는 사람은 빵 터지게 된다. 과학적 근거를 끌어와 상식을 초월한 화법을 구사한 사례다. 실제로 과학자들은 산타클로스의 배달 속도에 대한 과학적 추정을 내놓은 적이 있다. 산타가 9억~10억 가구를 31~42시간 내에 방문하려면 1초에 약 822~3,000가구를 방문해야 하며, 이를 위해 썰매는 시속 약 6,300km로 이동해야 한다는 것이다. 실제로는 공기 저항, 선물 무게(약 10억kg), 순록의 한계 등으로 인해 현실적으로 불가능하다는 분석이다. 산타의 빠른 이동은 어린이들의 싱상력과 동화적 요소가 더해진 결과로, 실제로는 실현 불가능한 수치다.

이제 반전 전략의 사례를 보자. 화자가 반전을 노리는 화법도 상식을 뒤집는 표현을 활용해야만 한다. 흔히 사용하는 방식으로는 첫째 반전 화법, 둘째 충격 화법이 있다.

앞에서 먼저 제시한 명제나 진술을 의미적으로 뒤집는 반전 화법의 사례를 살펴보자.

> 결혼하는 것이 좋은가, 하지 않는 것이 좋은가. 그 어느 쪽
> 이든 너희는 후회할 것이다.
>
> — 소크라테스

고전적인 표현이지만 앞서 제시한 명제를 의미적으로 뒤집는 화법이다. 결혼에 대한 호불호를 묻고서 어차피 후회할 것이라고 단정하며 반전을 노렸다. 사람마다 결혼에 대한 평가는 다르겠지만, 악처를 만난 소크라테스로서는 결혼을 후회할 것이고, 결혼을 안 한 사람도 홀로 외로움을 탈 것이기 때문에 후회할 것이라는 주장이다.

① 우리 할아버지는 환갑 때부터 하프마라톤을 시작하셨다. 지금은 100세인데 아직 건강하시다.
② 우리 할아버지는 환갑 때부터 하프마라톤을 시작하셨다. 지금은 100세인데 어디에 머물고 계신지 아무도 모른다.

①과 ②의 진술을 비교해 보자. 어느 미국 방송인의 농담을 변용해본 것인데 의미는 상당히 달라졌다. ①의 진술은 평범하고 일반적이지만 ②의 진술은 앞의 진술을 완전히 뒤집는다. 마라톤을 배운 뒤 100세에 이르렀지만, 가출한 상태인 것이다.

반전 전략의 충격 화법 사례도 살펴보자.

내 무덤에 침을 뱉어라.

— 1978년 작 미국영화

'내 무덤에 침을 뱉어라'는 1978년작 미국 영화 I Spit on Your Grave의 국내 제목으로, 강간 피해 여성이 가해자들에게 잔혹한 복수를 하는 복수극이다. 1981년 재개봉 때 프랑스 영화 '너희들 무덤에 침을 뱉으마'의 영문 제목을 차용해 제목을 바꿨다. 충격적인 표현이 아닐 수 없다.

그러나 국내에《네 무덤에 침을 뱉으마》라는 제목의 책이 출간된 적이 있었다. 시사평론가 진중권이 1998년에 발간한 정치 비평집이다. 미학 입문서인《미학 오디세이》와 더불어 진중권의 저작 중에 가장 널리 알려진 작품이다. 부제는 '극우 파시스트 연구'다.《네 무덤에 침을 뱉으마》라는 제목은 당시 조선일보에 이른바 우파 언론인 조갑제가 연재 중이던 박정희 전기,《내 무덤에 침을 뱉어라》를 패러디한 것이었다. 진보 논객과 보수 논객들의 논쟁이 격화되는 과정에서 진중권은 이 책의 반향으로 시사평론가로서 엄청난 대중적 인지도를 얻게 되었다. 요약하면 조갑제는 영화 제목을 인용한 박정희 전기를 연재 중이었고, 진중권은 조갑제의 전기 제목을 패러디한 셈이었다. 해당 제목과 표현은 반전을 노린 충격 화법의 상징과도 같다.

스피치의 학습 과정에서 혼돈을 야기하고 반전을 노리는 전략은 청자의 관심을 끄는 데 매우 유용하다. 청자의 상식을 파괴함으로써 몰입과 긴장을 유발하기 때문이다.

김대중과 이재명의 혼란 전략 스피치

앞에서 설명한 것처럼 혼란 전략에 기반을 둔 스피치는 청자가 생각하지 못했던 도발적인 질문을 던지거나, 그들이 가지고 있던 정보를 무너뜨리는 내용을 전개해 혼란과 긴장을 만들어내야 한다.

김대중 전 대통령이 혼란을 야기해 주목도를 높였던 스피치를 살펴보자.

대통령의 스피치

기적은 기적적으로 이뤄지지 않습니다. 한국의 민주화, 특히 한국 헌정사상 최초의 평화적 정권교체는 한국 국민의 피와 땀에 의해 이루어진 기적입니다.

— 김대중, 일본 국회에서

김대중 전 대통령은 1998년 10월 8일 일본을 방문했다. 해당 발언은 민주화, 경제성장 등 역사적 성취가 저절로 찾아오는 '기적'이 아니라 국민의 헌신과 인내가 쌓여 이루어진 것임을 강조한다. 김대중 전 대통령은 1998년 일본 국회 연설에서 이 표현을 사용해, 모든 성취는 우연이 아닌 '끝없는 노력'의 산물임을 역설했다. 특히 이 문구는 사회적 변화나 목표 달성도 우연히 이루어지는 것이 아니라 구체적 행동과 인내가 필요하다는 뜻으로 확장될 수 있다.

그러나 '대한민국의 기적은 기적적으로 이뤄진 게 아니다'라는 문구는 청자에게 혼란을 불러일으키는 것도 사실이다. 그러면 기적인가, 기적이 아닌가 잠시 고민하게 만든다. 이윽고 평화적 정권교체는 국민에 의해 이뤄진 기적이라고 재차 강조함으로써, 안정적으로 긴장도를 높이는 방식을 취한다.

반면 이재명 대통령은 도발적이면서도 전복의 화술을 쓴다.

이재명 대통령은 핵심을 찌르는 발언을 선호한다. 권력은 잔인하게 행사해야 한다고 전제를 깐다. 청자들은 과격한 표현에 놀라며 다음 말에 귀를 기울이게 된다. 그러나 그는 "좋은 방향으로"라는 단서를 덧붙인다. 용서, 화해, 화합을 거부하는 듯한 표현도 서슴지 않는다. 그러나 그것도 끝이 아니다. 반성하고 책임지는 사람과 화해해야 한다는 주장이다. 그러다 심지어 강도와는 화해할 수 없다는 직설적인 화법에 이른다. 이재명 대통령 화법의 두드러진 특징은 도발적인 비유다. '강도', '도둑들', '삥 뜯는 구조', '이익 카르텔' 등의 표현을 거침없이 쓴다.

김대중 전 대통령과 이재명 대통령의 스피치는 정반대의 취향을 보이면서도 한 지점을 향한다. 고도원 작가의 말을 들어보자.

김대중의 말은 채재를 세우고, 이재명의 말은 체제를 흔든

　　　　　　　　　　　　대통령의 스피치

다. 하지만 이 둘은 서로 배척되지 않는다. 김대중의 '상식 언어'는 시대의 균형을 잡아주었고, 이재명의 '전복 언어'는 그 균형 속의 신뢰를 안겨 주었다. 그 같은 언어로 김대중이 민주주의를 회복시켰다면, 이재명은 K-민주주의의 실질적 구조화를 일궈냈다.

— 고도원, 《대통령의 언어》 중에서

고도원은 김대중 전 대통령의 상식 언어와 이재명 대통령의 전복 언어가 상반된 양태를 띠지만 서로 배척되지 않는다는 주장을 편다. 이 또한 혼돈 전략이다. 결국 양태는 다르지만 민주주의 회복과 구조화를 일궈냈다는 분석이다. 고도원의 설명은 이어진다.

한 사람은 공존의 언어, 다른 한 사람은 돌파의 언어로 민주주의를 전진시켰다.

한마디로, 김대중의 말이 '시대를 설득한 언어'였다면, 이재명의 말은 '시대를 흔드는 언어'다. 놀랍게도 그 둘이 만나는 지점은 하나다. 국민을 향한 진심이다.

표현은 다르지만, 뜻과 방향은 같다.

— 고도원, 《대통령의 언어》 중에서

고도원도 혼돈의 전략을 알고 있다고 봐야 한다. 서로 상반되는 두 대통령의 언어를 '국민을 향한 진심'이라는 지점으로 귀결시킨다. 일반인은 쉽게 떠올리기 어려운 구도를 동원해 상식을 흔드는 말과 글을 활용하고 있는 것이다.

역대 대통령들의 반전 전략 스피치

반복되는 말이지만 반전 전략은 반전 화법과 충격 화법을 활용하면 유용하다. 극적인 반전은 언제나 충격을 감동과 몰고 오기 때문이다. 역대 대통령들 중에서도 반전을 노린 사례가 있다.

우리가 먼저 달라져야 한다. 우리가 먼저 깨끗해져야 한다. 우리가 먼저 고통을 기꺼이 감당해야 한다. 나는 대통령인 나 자신이 솔선해야 한다는 각오 아래 오늘 나의 재산을 공개하는 바이다.

— 김영삼, 1993년 첫 국무회의 중에서

김영삼 전 대통령은 반전의 매력이 있는 인물이다. 하나회 척결이나 금융실명제 실시는 김영삼 전 대통령의 빛나는 업적이라는 건 부인할 수 없는 사실이다. 김영삼 전 대통령의 재산 공개 이후 공직자 재산 공개가 시행되었다. 솔선수범해 공직자로서 재산의 투명성을 높인 것은 칭찬받아 마땅한 일이었다. 특히 금융실명제의 실시는 전격적이었고 반전이었다. 금융실명제는 금융 거래를 할 때 가명이나 남의 이름이 아니라 자기 이름으로만 쓰도록 한 제도다. 1993년 8월 13일부터 '금융 실명제 실시에 관한 대통령 긴급 재정 경제 명령'으로 시행되기 시작했다. 오래전부터 준비된 상황이었으나 계속 연기되었고, 김영삼 정부에서 전격적으로 실시된 것이다. 2014년 12월 1일부터는 다른 사람의 이름을 빌리는 차명 거래도 일절 금지함으로써 한층 강화되었다.

Part 4

말은 시대를
이끈다

07

대통령의 스피치가 만든 역사적 전환

모순과 거짓말의 전략

모순과 거짓말로 설득하는 방법론

인간은 모순덩어리다. 정치 지도자들도 자신이 했던 말이나 주장에 대해 시간이 지나면 정반대의 입장을 취하는 경우가 많다. 정보 습득이 빠르고 편리해진 시대이기에, 정치인이 과거에 했던 말이나 주장은 쉽게 찾아낼 수 있다. 다만 정치인에게 대중의 시선이 집중되니 문제가 두드러져 보일 뿐, 근본적으로 사람은 모순덩어리다.

로마 시대의 시인 호라티우스는 모순에 대해 다음과 같은 명제를 남겼다.

인간은 그가 원하던 바를 스스로 거부한다.

그는 다시 그가 포기한 바를 원한다.

그는 항상 부동하며 그의 인생은 끊이지 않는 모순이다.

사람 자체가 모순이라는 얘기다. 정치인들의 모순은 쉽게 드러나지만, 나 자신의 모순은 잘 보이지 않는다. 성우로서 스피치에 늘 주목하다 보니, 정치인들이 모순의 논리를 펼치는 장면에 자연스럽게 눈이 간다.

거짓말도 마찬가지다. 고대 철학자 유불리데스는 거짓말에 대한 유명한 명제를 남겼다.

크레타 사람인 에피메니데스는 모든 크레타 사람들은 거짓말쟁이라고 말했다. 그의 주장이 맞다면 그 역시 크레타 사람이므로 거짓말을 하는 것이다. 거짓말쟁이의 거짓말은 거짓으로, 에피메니데스의 말은 거짓말이다. 그래서 크레타인은 거짓말쟁이가 아니다.

— 유불리데스, 〈거짓말쟁이의 역설〉

도대체 무슨 말일까. 크레타 사람이 거짓말을 한다는 얘기인가, 아니면 크레타 사람은 거짓말을 안 한다는 말인가. 의미를 단번에 잡아내기 어렵다. 유불리데스가 속해 있던 회의학파는 윤리적 덕을 이론적 토론의 대상으로 삼았고, 모든 것의 통일이 행복이라는 점을 증명하려 했다. 특히 회의학파는 궤변 철학자들처럼 말장난에 그치는 증명만을 일삼으며 개인적 이익만을 추구했다는 비판을 받기도 했다. 인용한 「거짓말쟁이의 역설」은 거짓말 논의로 가득하며, 읽는 이 또한 언어의 유희 혹은 말장난을 직감하게 된다. 결국 위 명제를 풀어 쓰면 다음과 같은 문장이 된다.

거짓말쟁이 종족의 한 거짓말쟁이가 자신만은 진실을 말하고 있는 것처럼 거짓말을 하고 있다.

유불리데스는 언어의 마술사이자 말장난의 천재로 인정할 수밖에 없다. 루터는 '하나의 거짓말을 참말처럼 하기 위해서는 항상 일곱의 거짓말을 필요로 한다'고 말했다. 한 번 거짓말을 시작하면 여러 번의 거짓말을 하게 된다는 의미로, 거짓말의 폐단과 악순환을 경고하는 말이다. 반면 아이레스는 《과하이란 허위의 구세주》에서 '약간의 거짓말은 태산 같은 설명을 면하게 해준다'고 말하며 순기능을 설명한다. 거짓말을 어떻게 하느냐에 따라 결과가 달라질 수 있다는 뜻이다. 정치권에서는 '거짓말'이라는 단어를 '소설'로 대체해 부르기 시작했다. 음모론이 등장하면 사실이나 진실을 따지기보다 "소설을 쓰고 있다"
는 말로 평가하는 것이다.

결국 스피치의 세계에서는 화자가 청자의 마음을 사로잡기
위해 모순 전략과 거짓말 전략까지 활용한다. 모순된 논리로 먼
저 주목을 끈 뒤, 자신의 주장을 관철하는 방식이다. 또한 쉽게
드러나지 않거나, 혹은 뻔히 드러나는 거짓말을 활용해 대중의
마음을 사로잡는 방식은 이미 오래전부터 고전이 됐다.

따라서 이번 장에서는 역대 대통령과 정치 지도자들이 어떤
형태로 모순과 거짓말의 스피치 전략을 활용했는지 살펴본다.

권력, 속담, 그리고 역사적 전환의 스피치

권력·권위·재력을 가진 사람의 스피치는, 단순한 말 한마디
로도 압력이 될 수 있다. 비판이든 비평이든 반론이든 마찬가지
다. 화자가 공의나 선의를 가지고 발언했다 해도, 청자는 화자
의 힘에 눌려 협박으로 들을 수 있기 때문이다. 그러니 화자는
상황을 살피고, 그에 맞는 방식으로 스피치에 임해야 한다. 글
도 다르지 않다.

스피치에 자주 활용되는 우리말 격언이나 속담에도 모순과

거짓말 전략을 떠올리게 하는 표현이 많다. '바늘보다 실이 굵다'는 말은 커야 할 것이 작고, 작아야 할 것이 크다는 뜻이니 사리에 어긋난다는 의미다. '거지가 도승지를 불쌍타 한다'는 속담은 자신이 불쌍한 처지이면서도 도리어 그렇지 않은 사람을 동정하는 상황을 가리킨다. 도무지 이해할 수 없는 일을 겪었을 때 '고양이가 알 낳을 노릇이다'라는 표현을 쓰기도 한다. 모두 모순에 기반한 말들이다.

'거짓말은 다리가 짧다'는 영국 속담이 있다. 거짓말은 오래 가지 않아 곧 탄로 난다는 뜻이다. 덴마크 속담에는 '진실이라는 코트에는 거짓말이라는 안감이 들어 있는 경우가 많다'는 표현이 있다. 진실 속에도 거짓말이 섞여 있다는 교훈이다. 유대인 속담에는 '거짓말을 하지 않으면 중매쟁이가 될 수 없다'는 말도 있다. 우리 속담 '시골 놈이 서울 놈 못 속이면 보름씩 배를 앓는다'는 말은 그만큼 시골 사람이 서울 사람을 더 잘 속일 수 있다는 비유로 읽힌다.

이렇듯 모순과 거짓말의 전략은 스피치에서 화지의 품격을 가늠하게 한다. 그 품격에 따라 청자는 적극적으로 옹호할 수도, 극렬하게 반발할 수도 있다. 더군다나 화자의 입장과 상황에 따라 그 효과는 극대화되거나 극소화되기도 한다. 결국 남는 과제는 "매력적인 모순과 거짓말을 어떻게 찾아내느냐"이다.

  역사적 전환점이 된 유명한 스피치들은 당시 시대적 배경과 맞물려 큰 울림을 주었고, 지금까지도 회자된다. 대표적인 사례를 살펴보자.

  주사위는 던져졌다.

— 율리우스 카이사르

  기원전 49년, 로마의 정치가이자 장군인 율리우스 카이사르가 루비콘강을 건너며 남긴 말이다. 로마 제국 시대에 루비콘강은 충성의 서약으로 무장을 해제하는 장소였다. 당시 파견된 장군과 군사들은 전쟁이나 훈련을 마치고 돌아오는 길에 루비콘강에 이르면, 로마에 대한 충성 서약의 의미로 무장을 해제한 뒤에야 강을 건너는 것이 일종의 전통이자 법규였다. 카이사르는 무장을 해제하지 않은 채 갈리아 원정을 함께했던 군사들과 루비콘강을 건너 로마로 진군한다. 당시 무장한 채 군대를 이끌고 루비콘강을 건너는 행위는 로마 제국에 대한 반역을 뜻했기에, 청자 입장에서는 지극히 모순적인 발언으로 들릴 수 있었다. 카이사르의 이 스피치는 되돌릴 수 없는 결정적 행동을 의미하며 로마 내전의 시작을 알리는 역사적 전환점이 되었다.

  국민의, 국민에 의한, 국민을 위한 정부는 이 지상에서 결코 사라지지 않을 것이다.

— 링컨, 게티즈버그 연설 중에서

1863년 11월 19일, 에이브러햄 링컨 미국 대통령의 게티즈버그 연설 중 일부다. 링컨을 한 문장으로 표현할 때 자주 인용되며, 그의 묘비명으로도 알려진 문구가 포함돼 있다. '국민의(of the people)'는 국가의 주인은 국민이며 모든 권력은 국민으로부터 나온다는 뜻으로, 국민주권 원칙을 의미한다. '국민에 의한(by the people)'은 국민이 직접 또는 선출된 대표를 통해 국가를 다스려야 한다는 대의 민주주의 원칙을 강조한다. '국민을 위한(for the people)'은 정부의 모든 정책과 활동이 국민의 행복과 이익 증진을 목표로 해야 한다는 국민 중심주의 원칙을 뜻한다. 남북전쟁의 혼란 속에서 이 스피치는 민주주의의 이념을 명확히 제시하며 미국 사회에 큰 영향을 주었다.

나에게는 꿈이 있습니다. 언젠가는 조지아의 붉은 언덕 위에서 옛 노예의 후손들과 옛 주인의 후손들이 형제의 식탁에 함께 둘러앉는 날이 오리라는 꿈입니다.

— 마틴 루터 킹

　1963년 8월 28일, 미국의 인권운동가 마틴 루터 킹 목사가
워싱턴 D.C.에서 한 연설의 핵심 구절이다. 1963년은 링컨 대
통령의 노예 해방 선언(1863년) 100주년이 되는 해였지만, 당시
미국 남부 등지에서는 여전히 인종 분리 정책이 시행되고 있었
다. 흑인들은 식당·버스·학교 등 공공시설 이용에서 차별을 받
았고, 투표권 행사도 제한되는 등 실질적 자유를 누리지 못했
다. 이 연설은 흑인들의 시민적·경제적 권리를 옹호하기 위해
열린 '워싱턴 행진'의 대미를 장식한 스피치였다. 참가자들은
인종차별 금지법안 통과 촉구, 공공장소 통합, 투표권 보장, 공
정한 고용 기회와 최저임금 인상 등을 요구했다. 인종과 종교를
초월해 약 25만 명 이상의 군중이 워싱턴 D.C. 링컨 기념관 앞
에 모였다. 특히 원래 준비된 원고에는 '나에게는 꿈이 있습니
다'라는 문구가 없었다고 한다. 이 연설과 행진은 미국 사회에
큰 울림을 주었고, 이듬해 1964년 민권법과 1965년 투표권법
제정의 결정적 계기가 되었다. 미국 흑인 인권운동의 상징적 전
환점으로 남아 있는 스피치다.

> 여성들도 교수대에 오를 권리가 있다. 또한 여성들은 연단
> 에 올라설 수 있는 권리도 가질 수 있어야 한다.
>
> —올랭프 드 구주

흑인 인권운동에 킹 목사가 존재했다면, 여성 권리 주장에는 올랭프 드 구주가 있었다. 이 스피치는 프랑스 혁명 시기 올랭프 드 구주가 여성의 권리를 주장하며 남긴 말로 알려져 있다. 당시 관점에서 그는 과격한 여성 인권 옹호론자였고, 그런 의미에서 혁명적인 인물이었다. 그는 한 모임에서 최초로 연설했고, 이를 계기로 세계적 유명세를 얻기 시작했다. 여성이 단두대에 오를 권리가 있다면 연단에 오를 권리도 있어야 한다는 논리는, 모순을 드러내고 바로 세우는 방식으로 여성 인권운동의 중요한 메시지로 남았다.

그래도 지구는 돈다.

— 갈릴레오 갈릴레이

갈릴레오 갈릴레이가 종교재판에서 지동설을 부인한 뒤, 법정을 나오며 혼잣말처럼 중얼거렸다는 일화 속 문장이다. 당시 지구가 우주의 중심이라는 천동설이 지배적이었으나, 갈릴레오는 지구가 태양을 돈다는 지동설을 확신하고 주장했다. 그로 인해 종교재판을 받고 압박을 받았지만, 그는 신념을 굽히지 않았다고 전해진다. 과학적 진실에 대한 확고한 신념을 상징하는 말이자 스피치가 되었다.

이러한 말들은 단순한 문장을 넘어, 사건의 배경과 인물들의 신념을 함축하며 인류 역사에 큰 변화의 물결을 일으켰다.

김대중과 김영삼의 모순과 거짓말 스피치

역대 대통령들도 시간이 지나 자신의 말이나 주장과 정반대의 입장과 행동을 취한 경우가 있었다. 논리의 모순이자, 결과적으로는 거짓말이 돼버린 사례들이다. 김대중 전 대통령은 다음과 같은 말을 했다고 한다.

저는 일생에 한 번도 거짓말을 한 일이 없습니다.

이 말을 믿을 사람이 얼마나 있을까. 평생 한 번도 거짓말을 하지 않았다는 것은 인간으로서 가능한 일일까. 측근이나 지지자들에게 했을 법한 전언일지도 모른다. 그러나 이 스피치는 김대중 전 대통령이 1997년 10월 8일 관훈클럽에서 공개적으로 한 발언이다. '법구경'에는 '거짓말을 하면 지옥에 떨어진다(妄語地獄近), 거짓말을 하고도 하지 않았다고 하면(作之言不作), 두 겹의 죄를 함께 받으니(二罪後俱受), 제 몸을 끌고 지옥에 떨어진다(自作自牽往)'고 했다. 무시무시한 말이 아닌가. 김대중 전 대통령은 왜 이런 발언을 했을까. 모순의 전략 스피치였다.

> 저는 일생에 한 번도 거짓말을 한 일이 없습니다. (청중들 폭소) 저는 거짓말한 일이 없어요. 약속을 못 지킨 것이지 거짓말한 것은 아닙니다. 거짓말한 것하고 약속했다가 못 지킨 것하고는 다릅니다.
>
> — 김대중, 관훈클럽에서

모순의 논리를 활용해 자신의 주장을 극대화한 사례다. "예전에 한 약속을 못 지켰을 뿐, 거짓말을 한 것은 아니다"라는 설명이다. 고의로 거짓말을 한 상황과, 사정이 생겨 약속을 지키지 못한 상황은 다르다는 논리다.

유명한 3대 거짓말이 있다.

첫째, 장사꾼이 밑지고 판다는 말

둘째, 노인이 일찍 죽겠다는 말

셋째, 처녀가 시집 안 가겠다는 말

하나를 더 보태면 "정치인은 거짓말을 하지 않는다"는 말일 것이다. 거짓말쟁이 부족 크레타 사람이 "자신만은 거짓말을 하지 않는다"고 주장하는 논리와 다르지 않다. 역대 대통령이나 국회의원들이 공약을 모두 지켰을까. 정치인은 자신의 부고를 빼고는 모두 거짓말이라는 말이 나오는 시대다. 따지고 보면 김대중 전 대통령의 이 발언은 정계 은퇴 약속을 저버리고 네 번째 대선에 나선 데 대한 정치인의 변명으로만 읽힐 수도 있다. 그러나 모순의 논리로 자신의 말과 행동을 정당화하는 일은 결코 쉽지 않다. 세련되고 정연한 모순의 전략이 중요한 이유다.

김영삼 전 대통령도 자신이 했던 말이나 주장과 정반대의 입장을 시간이 지나 취한 사례가 있다.

우리는 북한의 어려움을 진정으로 돕는 길을 찾아내고 실천하고자 합니다. 이를 위해 첫째, 북한의 식량난을 구조적으로 해결할 수 있는 실질 협력이 필요합니다.
나는 북한 당국이 민족의 앞날은 물론 스스로를 위해서도 개방과 개혁의 역사적 대세에 지체없이 합류할 것을 촉구하는 바입니다.

— 김영삼, 광복절 경축사에서

다 죽어가는 김정일 독재정권을 우리 국민의 세금으로 지
금까지 연명시킨 것이 김대중 전 대통령이 저지른 역사적
죄악이다.

첫 번째 발언은 김영삼 전 대통령이 1997년 8월 15일 광복
절 경축사에서 밝힌 내용이다. 두 번째 발언은 김영삼 전 대통
령이 2006년경 한나라당(현 국민의힘)의 한 행사에서 했던 말이
다. 첫 번째 발언은 인도적 차원에서 대북 지원과 협력을 강조
한다. 반면 두 번째 발언은 김대중 정부의 대북 지원 정책이 김
정일 독재정권을 연명시키는 데 기여했다는 비판을 담고 있다.
김영삼 전 대통령은 김대중 정부의 햇볕정책 등 대북 포용 정
책을 강하게 비판하며, 국민 세금으로 북한 정권을 지원했다고
주장한 것이다.

그러나 김영삼 정부 역시 미국-북한 협상 타결 이후 적극적
인 경제협력을 통한 새로운 국면을 모색하며 '민족발전공동체'
구상을 제시했었다. 노태우 정부의 통일방안을 계승해 남북기
본합의서 발효 등 변화된 상황을 반영한 통일정책을 추진했고,
특히 1995년 북한의 수해를 입었을 때 쌀 2,000톤을 시작으로
정부의 직접 쌀 지원을 실시했다. 국제기구를 통한 식량 및 영

양 강화 식품 지원도 병행했다. 북한 핵 문제 해결을 위해 '경수로 지원 사업'을 추진하며 미국·북한과의 삼각관계 속에서 외교적 노력을 기울였으나 큰 성과는 없었다.

이처럼 김영삼 전 대통령의 발언은, 김대중 정부와 비교했을 때 대북 지원이라는 큰 틀에서는 유사했음에도 상황에 따른 구체적 지적과 설명이 부족해 내로남불이라는 평가를 피하기 어렵다. 일관성이 드러나지 않으니, 결국 상황에 따른 입장 변화로만 보이기 때문이다. 스피치 차원에서 모순과 거짓말 전략을 활용할 때는 '일관성'이 핵심임을 시사한다.

역대 대통령들의 모순과 역설의 스피치

양귀자는 소설 《모순》에서 '뜨거운 줄 알면서도 뜨거운 불 앞으로 다가가는 모순 때문에 삶은 발전할 수 있다'고 설명한다. 도스토옙스키는 '인생에서 무엇보다 어려운 것은 거짓말을 하지 않고 사는 것'이라고 강조한다. 알면서도 모순을 말하고, 알면서도 거짓말을 하는 게 인간이다.

역대 대통령들의 스피치를 살펴보면 모순과 거짓말 전략을 활용한 사례가 의외로 많다. 먼저 논리의 모순이 드러나는 사례를 보자.

> 기본적으로는 낙태에 대해 반대인데, 불가피한 경우가 있
> 단 말이에요. 가령 아이가 세상에 불구로서 태어난다든지,
> 이런 불가피한 낙태는 용납이 될 수밖에 없는 거 같아요.
> 하지만 근본적으로는 낙태에 반대 입장이에요. 보수적인
> 지는 모르겠지만….
>
> — 이명박, 조선일보와의 인터뷰에서

2007년 5월 12일, 이명박 전 대통령이 한 신문사와의 인터뷰에서 밝힌 발언이다. 논리 모순이 두드러진다. 낙태에 반대하지만 "불가피한 경우는 용납될 수밖에 없다"는 말은 평범한 일반인도 할 수 있는 수준의 진술에 그치며, 낙태 문제에 대한 대안과 검토가 결여돼 보인다. 최소한 여성의 자기결정권과 태아의 생명권이라는 두 핵심 가치를 점검했어야 한다. 2024년 3월 프랑스는 '임신중지권이 여성의 자유'라는 사실을 세계 최초로 헌법에 명시했다. 낙태를 "반대하지만 불가피하면 용납"이라는 허약한 논리만으로는 청자의 관심과 호기심을 끌어내기 어렵다.

대통령 선거 경선 과정에서 악의적으로 모순의 논리를 전개한 사례도 있다.

전두환 대통령이, 군사 쿠데타와 5.18만 빼면, 잘못한 부분은 있지만 정치는 잘했다고 말하는 분들이 많다. 호남 분들도 그런 얘기를 하시는 분들이 꽤 있어요. 이 분은 군에 있으면서 조직 관리를 해봤기 때문에, 예, 맡긴 겁니다.

— 윤석열, 부산 해운대갑 당협 사무실에서

2021년 10월 19일, 당시 윤석열 대선 후보는 부산 해운대구갑 당원협의회를 방문한 자리에서 이같이 발언했다. 전두환 전 대통령의 가장 큰 잘못은 헌정 질서를 파괴하고 무고한 시민들을 희생시킨 군사 쿠데타와 5.18 민주화운동을 초래한 일이다. 경선 과정에서 이 발언이 나오자 헌법 정신 훼손, 5.18 왜곡이라는 비판이 제기됐고 민주당은 물론 국민의힘 내부에서도 망언이라는 지적이 쏟아졌다. 윤 후보 측은 권력 위임 측면에서 배울 점이 있다는 의미였다고 해명했으나 논란은 계속되었다. 결국 윤석열 후보는 유감을 표명했지만 "전두환의 권한 위임은 벤치마킹하겠다"라는 기존 입장을 굽히지 않아 성난 여론을 달래기에는 역부족이라는 지적이 나왔다. 큰 잘못과 작은 성과를 맞바꾸는 방식으로 모순 논리를 활용했으나 실패한 전략이었던 셈이다.

모순의 논리를 역설적으로 활용한 예도 있다. 이재명 당시 성남시장이다.

> 공짜라니? 복지는 세금 내는 국민의 권리고 복지 확대는
> 국가의 헌법상 의무입니다. 세금 내는 국민을 기여 없는,
> 거지 취급하는 망언입니다.

— 이재명, 트위터에서

2015년 11월 20일, 이재명 성남시장은 복지가 공짜라는 주장에 대해 트위터를 통해 신경질적인 반응을 보인다. 같은 해 11월 5일, 박원순 전 서울시장이 발표한 청년일자리 대책의 일환으로 '청년수당' 정책을 내놓으며 논란이 뜨거웠다. 청년수당은 만 19~39세 저소득층 취업준비생 3,000명을 선발해 매달 50만 원씩 6개월간 구직활동비를 지급하는 정책이었다. 이후 이재명 성남시장의 '지역상품권 청년배당' 정책과 함께 "일자리가 아닌 용돈을 준다"는 비판을 받으며 복지포퓰리즘 논란을 불러일으켰다.

> 국민이 낸 세금 열심히 아껴서 다시 돌려주는 게 왜 공짜
> 입니까?

— 이재명, SNS 중에서

2016년 9월 26일, 이재명 당시 성남시장은 복지가 공짜라는 주장이 계속되자 다시 답했다. 그는 무상복지를 "국민이 낸 세금을 다시 돌려받는 과정"으로 규정하며 맞섰다. 무상복지를 공짜로 보는 일반적 통념을 뒤집어, 역설의 방식으로 논점을 재구성한 것이다.

트럼프 대통령의 모순적이면서도 역설적인 스피치도 눈길을 끈다.

> 사담 후세인은 나쁜 놈이었습니다. 진짜 나쁜 놈이었죠. 근데 그가 하나 잘한 게 뭔지 아십니까? 그는 테러리스트를 죽였습니다. 그거 하나는 아주 잘했죠.
>
> —트럼프, 유세 중 연설에서

2016년 7월, 트럼프 미국 대통령이 노스캐롤라이나 유세 현장에서 한 발언이다. 이라크 전 대통령 사담 후세인은 정권 유지를 위해 반대 세력을 무자비하게 제거했고, 여기에는 쿠르드족과 시아파 저항 세력 등이 포함됐다. 후세인 정권은 이들을 '테러리스트'로 규정하기도 했다. 그러나 이는 일반적으로 알려진 국제 테러 조직, 특히 미국을 공격한 알카에다와 같은 테러리스트 단체와는 거리가 있다. 그렇다면 트럼프는 왜 후세인을

    대통령의 스피치

언급하고 그의 공적을 끌어올렸을까. 경우에 따라 거짓말에 해당할 수도 있는 이 발언을 왜 했을까. 모순과 거짓말의 전략을 통해 그는 무엇을 얻으려 했을까.

08

말이 만든 사회와 시대

과장과 유머의 전략

말은 시대를 여는 통로

시대마다 말의 양상은 달랐다. 하지만 그럼에도 불구하고 고도원 작가는 '말은 시대의 통로'라고 주장하며 김대중과 이재명 대통령의 말에 주목했다.

김대중, 이재명 두 사람의 언어는 시대를 여는 말, 시대를 이끄는 말이었다. 최선을 다해 살아온 사람의 생생한 증언이었다. 김대중의 말은 군사독재로 봉인된 시대를 민주화 시대로 여는 열쇠였고, 이재명의 말은 그렇게 열린 시대의 구조를 깨는 망치였다.
두 사람의 언어는 각각 다른 시대, 다른 방식으로 세상을 변화시키는 힘이요 통로였다.

— 고도원, 《대통령의 언어》 중에서

김대중과 이재명의 말이 서로 달랐던 것은 당연히 시대의 차이 때문이었다. 각자 살아온 방식이 다르듯, 시대의 조건에 따라 화자의 말도 달라졌다. 세상을 변화시키는 힘은 결국 화자의 말, 곧 스피치에서 나온다. 고도원 작가의 설명은 이어진다.

김대중이 '말로 앞을 보게 한 사람'이었다면, 이재명은 '말로 지금을 깨부순 사람'이다. 김대중의 말은 역사적 시점을 견인했고, 이재명의 말은 감정적 리듬을 연결했다. 한 사람은 시간의 교사였고, 한 사람은 정서의 해방자였다.
김대중은 무게감으로, 이재명은 속도감으로, 시대를 통과했다.

— 고도원, 《대통령의 언어》 중에서

미래지향적인 사람과 현재지향적인 사람의 차이만큼이나 두 전직 대통령의 스피치는 달랐다. 고도원 작가의 분석처럼 말과 스피치를 보면 통치 스타일을 짐작할 수 있다.

이제 한국의 민주화는 이루어졌습니다. 이제 남은 과제는

한반도의 통일입니다.

— 김대중, 베를린 대학 베를린 선언 중에서

저들이 흘리는 눈물과 사과에는 유효기간이 있습니다. 딱 선

거일까지입니다. 그런 가짜 눈물, 악어의 눈물에 속지 맙시다.

— 이재명, 서울 용산역 광장 유세 중에서

김대중의 발언은 2009년 3월 9일 독일 베를린대학에서, 이
재명의 발언은 2024년 4월 9일 대선 유세 중에 나왔다. 두 사
람의 스피치는 어떤 점에서 같고 어떤 점에서 다를까. 시대를 보
는 눈에서는 닮았고, 스피치의 방식에서는 달랐다. 한 사람은 무
게감으로, 한 사람은 속도감으로 접근했다는 점이 핵심이다. 말
이 사회와 시대를 만들 때, 스피치의 중요성이 강조되는 이유다.

권력·권위·재력을 가진 사람의 스피치는 과장과 유머 전략
에 따라 결과가 달라질 수 있다. 서양과 우리의 격언이나 속담
에서 '과장'은 거짓이나 거짓말의 또 다른 이름으로 취급되곤
한다. 한국 속담에 '먹지 않은 씨앗에서 소리만 난다'는 표현이
있다. 못난 자일수록 잘난 척하며 큰소리만 친다는 뜻이다. '빈
수레가 요란하다'는 말은 영국 속담에서 나왔다. 중국 속담에는

　　　　　　　　　　　　　　　　　　　　대통령의 스피치

'알지 못하면서 아는 체하는 것은 죄악이지만 알고 있으면서도 모르는 체 행동하는 것은 현명함이다'라는 표현이 있다. 프랑스 속담에는 과장에 대해 '누구나 늑대가 나왔다고 소동을 벌일 때는 반드시 그 크기를 과장한다'는 말이 전해진다.

'유머'는 어떨까. 영국의 전 총리 존슨은 '유머는 진정으로 민주주의적인 것이다'라는 문장을 남겼다. 유머는 사회적 지위나 배경, 교육 수준과 관계없이 누구에게나 접근 가능하고 이해될 수 있는 보편적 경험이라는 의미를 내포한다. 영국의 문호 해즐릿은 '유머는 회화의 음식이 아니라 소금'이라고 강조했다. 이 말은 유머가 진정한 인간관계의 소통에서 필수적인 조미료임을 의미한다. 프랑스 작가 볼테르는 '재치 있는 농담은 재치를 부릴 생각이 없을 때 튀어나온다. 마찬가지로 우리가 감동하는 것은 사람이 우리를 감동시키려는 생각이 전혀 없었을 때'라고 말하며 유머의 유용성과 타이밍을 언급했다. '유머가 있는 곳에 페이소스가 있다'는 말도 유명하다. 소설가이자 유머리스트 마크 트웨인은 '모든 인간적인 것은 수심에 차 있다. 유머 자체의 핵심은 즐거움이 아니라 슬픔이다. 그래서 천당에는 유머가 없다'고 하며 자신만의 유머 기원론을 펼치기도 했다.

따라서 이번 절에서는 역대 대통령과 정치 지도자들이 어떤 형태로 과장과 유머의 스피치 전략을 활용했는지 살펴보자.

과장과 유머, 묘비명 스피치

독재자치고 유머에 능통한 사람은 드물다. 유머가 "진정으로 민주주의적인 것"이라는 존슨의 말이 맞아떨어지는 대목이다. 연설에 능통했다는 히틀러가 유머에도 능통했다는 이야기는 들어본 적이 없다. 독재자에게 유머는 조롱의 대상이 되기 쉽고, 본인이 주체가 되기도 어렵다.

우리나라 역대 대통령 중에서도 전두환과 박정희가 유머에 능통했다는 평을 듣기는 어렵다. 농담이나 유머를 시도했을 수는 있으나 반감을 사거나 실패한 농담으로 전락하곤 했다. 전두환 전 대통령은 자기비하 농담을 하곤 했다. "대머리는 경제성이 높다"고 발언한 적이 있다고 하는데, 머리카락 관리에 들어가는 비용과 시간을 절약할 수 있다는 의미로 해석할 수는 있어도 유머가 유머로 읽힐 여지는 크지 않다. 그는 비판하는 젊은이들에게 "나한테 안 당해봤잖아"라며 섬뜩한 농담을 던지기도 해 아연실색하게 만들었다.

박정희 전 대통령도 자신의 작은 키를 농담 소재로 삼곤 했다. 1970년대 중반 내각에 박정희 대통령보다 키가 작은 사람으로 김용환 재무장관이 있었다. 박 대통령은 사람들이 모여 있을 때 김 장관을 자기 옆으로 부르기 일쑤였다고 한다. 그리고는 서로 키를 견주는 동작을 한 뒤 "자, 봐. 김 장관이 나보다 작지?" 하면서 씩 웃었다고 한다.

스피치에 자주 활용되는 격언과 속담, 그리고 묘비명에도 과장과 유머의 전략이 담긴 표현이 많다. 묘비명은 우리나라에서는 익숙한 문화가 아니지만, '죽은 자의 메시지'라는 측면에서 분명 스피치다. 세계적으로는 조지 버나드 쇼의 묘비명이 자주 회자된다. "우물쭈물하다가 내 이럴 줄 알았지." 니코스 카잔자키스의 묘비명은 비장하다. "나는 아무것도 바라지 않는다. 나는 아무것도 두려워하지 않는다. 나는 자유다"라고 새겨져 있다. 이마누엘 칸트의 묘비명에는 "날이 갈수록 내게 더욱더 새로워지는 것은 밤하늘의 반짝이는 별과 내 마음 속의 도덕률이다"라고 적혀 있다. 마틴 루터 킹 목사의 묘비명에는 "드디어 자유가, 드디어 자유가! 전능하신 주님 감사합니다. 제가 마침내 자유로워졌나이다"라고 새겨져 있다. 앤드루 카네기의 묘비명은 "자신보다 현명한 사람을 주위에 모으는 방법을 알던 사람, 여기에 잠들다"이고, 스탕달의 묘비명은 "살았다. 썼다. 사랑했다"다. 모파상의 묘비명은 "나는 모든 것을 갖고자 했지만 결국엔 아무것도 갖지 못했다"고 알려져 있다. 모두 삶을 요약해 후세에 남긴 메시지이자 스피치다.

국내에도 유명인의 묘비명이 전혀 없는 것은 아니다. 김수환

추기경의 묘비명은 "나는 아쉬울 것 없노라"다. 박인환 시인의 묘비명에는 "사랑은 가고 옛날은 남는 것"이라고 새겨져 있으며, 조병화 시인의 묘비명에는 "나는 어머님의 심부름으로 이 세상에 왔다가 어머님의 심부름을 다 마치고 어머님께 돌아왔습니다"라고 적혀 있다. 천상병 시인의 묘비명에는 "나 하늘로 돌아가리라, 아름다운 이 세상 소풍 끝내는 날, 가서 아름다웠더라고 말하리라"라고 적혀 있다. 시인마다 문학성과 삶의 태도를 집약한 흔적이 보인다.

이외수 소설가의 묘비명에는 "쓰는 이의 고통이 읽는 이의 행복이 될 때까지"라고 적혀 있는 것으로 알려져 있는데, 작가로서의 고단함을 축약한 글이라 하겠다.

한편 묘비명으로 공포감을 자아낸 사례도 있다. 비석의 앞면과 뒷면, 오른쪽 측면은 한자로 되어 있지만 왼쪽 측면에는 한자를 모르는 사람들을 위해 "이 비석은 신령한 비석이니 훼손하는 자는 재앙을 입으리라. 이는 글 모르는 사람을 위해 알리는 바이다"라는 내용이 한글로 새겨져 있다. 이 한글 비석은 조선 중종 때 문신 이문건(묵재)이 돌아가신 아버지 이윤탁과 어머니의 합장묘 앞에 세운 것이다. 훈민정음 창제 이후 한글이 쓰인 초기 모습을 보여주는 중요한 자료로, 16세기 국어학 연구와 한글 서예 연구에 매우 귀중한 가치를 지닌다. 문제는 도

로 확장으로 비석을 옮겨야 했는데, 비문에 새겨진 문구의 공포
감 때문에 수년간 공사가 지연되기도 했다는 점이다.

묘비명은 고인의 삶·가치관·철학을 압축적으로 보여주며,
때로는 인생에 대한 깊은 통찰이나 유머를 담아 후세에 메시지
를 전달한다. 묘비명도 스피치인 것이다.

과장과 유머, 혹은 치명적인 말실수

대선 과정에서 문재인 전 대통령이 발언한 말이 뜻하지 않게
웃음을 안겼다는 일화가 전해진다. 문재인 당시 후보의 마지막
멘트 때문이었다.

① 우리 다 같이 싸우나 갑시다.
② 우리 다 같이 싸워 나갑시다.

문재인 전 대통령의 마지막 멘트는 ①과 ② 중 어느 것이었
을까. 문재인 후보가 마지막 발언을 끝냈을 때 주변에 모여 있
던 사람들은 갑자기 침묵에 빠졌다. "왜 갑자기 사우나에 가자
는 것일까" 의아했기 때문이다. 사람들은 ①로 이해한 것이다.

그러나 문재인 후보의 의도는 ②였다. 경상도 사투리와 띄어쓰기 오류가 동시에 작동한 결과였다. 그러자 누군가가 물었다. '지금 다 같이 사우나에 가자고요?' 그제야 사정을 알게 된 화자와 청자는 동시에 한바탕 웃을 수밖에 없었다.

사투리 때문에 곤욕을 많이 치른 사람은 김영삼 전 대통령이었다. 김영삼 전 대통령의 진한 경상도 사투리는 여러 유명한 일화와 별명을 낳았고, 때로는 오해를 불러일으키기도 했다. 딱딱하고 권위적이던 기존 대통령 이미지와 달리, 그의 사투리는 "학실히"(확실히), "씰데(쓸데)없는 소리", "이대한"(위대한) 등과 같은 독특한 억양과 발음으로 국민에게 친근함을 주었다. 또한 초등학교 방문 때 '결식아동'을 '결시가동'이라고 발음해 '걸식아동'으로 오해를 초래해 교사가 학생들에게 해명해야 했고, '관광도시'를 '강간도시'로 발음해 경악을 금치 못하게 했을 뿐아니라 전봉준 장군 고택을 방문하고는 '정몽준 고택'에 다녀왔다고 말하는 등의 말실수는 대중에게 회자되며 또 다른 유머의 소재가 되기도 했다.

그러나 정치인에게 말실수는 때로 치명적인 결과를 낳는다. 조선시대에는 말 한마디로 목숨을 잃거나 유배를 가는 등 무서운 결과로 이어진 사례들이 있다. 특히 왕의 '역린'을 건드리거나 역모로 간주될 수 있는 발언은 엄격히 처벌받았다. 정도전이 대표적이다. '한고조 유방이 장자방을 쓴 것이 아니라, 장자방이 한고조를 쓴 것이다'라는 말은 치명적인 말실수였다. 이 말은 곧 정도전이 고려를 무너뜨리고 조선을 건국하기 위해 태조 이성계를 이용했다는 뜻으로 해석될 여지를 남겼고, 이방원 측에게 정도전을 제거할 명분을 제공했다. 결국 이방원은 '제1차 왕자의 난'을 일으켜 정도전과 그의 세력을 제거하고 권력을 장악했다. 정도전의 이 발언은 그가 꿈꾸던 이상적 국가 건설의 꿈을 뒤안길로 밀어 넣은 치명적 실수였던 셈이다.

미국 역대 대통령들의 사례도 있다. 조지 부시 전 대통령은 재임 기간 잦은 말실수로 '부시즘'이라는 신조어가 생길 정도였다. '인터넷들(Internets)에 소문이 돈다는 얘길 들었습니다'와 같은 발언이 유명하다. 로널드 레이건 전 대통령은 라디오 연설을 앞두고 마이크가 켜진 줄 모르고 '몇 분 안에 소련에 대한 폭격을 시작하겠다'고 농담했던 일화로 유명하다. 조 바이든 전 대통령은 고령으로 인한 말실수가 논란이 되기도 했다. 에마뉘엘 마크롱 프랑스 대통령을 프랑수아 미테랑 전 대통령(28년 전 고인)으로 착각하거나, 윤석열 전 대통령을 '미스터 문(문재인 전 대통령)'으로 잘못 부르는 등의 사례가 거론된다. 역사는 말 한 마디로 천 냥 빚을 갚을 수도 있지만, 불행한 운명은 바로 자신의 입에서 시작될 수 있다는 교훈을 남긴다.

역대 대통령들의 과장과 유머의 스피치

김대중 전 대통령은 우리나라에서 유머에 탁월한 대통령으로 첫손에 꼽힌다. 반평생을 납치·투옥·연금·사형선고 등 극단의 고통 속에서 살았지만 유머를 잊지 않았다고 한다. 외워서 구사하는 유머보다, 뛰어난 순발력으로 재치 있는 말을 던지는 데 강점이 있었다고도 전해진다. 김 전 대통령은 사형선고를 받았던 당시의 기억을 이렇게 밝혔다.

사형선고를 받았던 1980년에 아내가 '김대중을 살려달라'고 기도하는 게 아니라, '하느님 뜻에 따르겠다'고 기도하는 것을 보고 어찌나 섭섭했는지 모른다.

사실 죽는 것은 겁났다. 큰 소리는 쳤지만 사실은 살고 싶어 재판정에서 재판관 입만 뚫어지게 쳐다봤다. 무기징역만 받았으면 했다. '무' 하면 입이 나오고 '사' 하면 입이 찢어진다. 입이 나오면 내가 살고 입이 찢어지면 내가 죽는다.

— 김대중, 1999년 1월 TV 프로그램에서

이휘호 여사가 "살려달라"가 아니라 "하느님 뜻에 따르겠다"고 기도하는 것을 보고 섭섭했다는 대목은 김대중 전 대통령 특유의 유머다. 죽음 앞에서 초연하기란 쉽지 않다. 자신이 처한 공포를 유머로 풀어내는 순간, 듣는 사람은 페이소스와 함께 웃음을 터뜨릴 수밖에 없다. 재판정에서 재판관 입만 뚫어지게 쳐다봤다는 생생한 묘사도 그렇다. 재판관의 입 모양에 따라 자신의 생사가 달렸다는 설정은, 실제로 겪어보지 않고는 나오기 어려운 말이다.

더군다나 다독가였던 김 전 대통령은 대통령이 된 뒤 책을 읽을 시간이 없다고 하소연하면서 '감옥에 한 번 더 가야 할 모양'이라고 말하기도 했다고 한다. 유머의 대가임을 보여주는 일화다.

부활은 예수님만 하시는 건데, 한국 대통령도 죽었다 살아나는 부활의 모습을 보여줬습니다.

— 노무현, 주한외교단과

우리나라에도 성씨가 특별한 사람들이 많이 있다. 시원찮은 검사라도 성이 명 씨면 '명검사'가 되고, 아무리 대위가 돼도 성이 임 씨면 맨날 '임 대위', 임시 대위가 되고 또 대장이 돼도 성이 부 씨면 '부대장'밖에 못 되는 그런 성이 있다. 굿맨은 (부모님이 주신) 아주 좋은 선물이다.

— 노무현, 2005년, 오찬 중에

노무현 전 대통령도 유머 감각이 뛰어났다. 첫 번째 발언은 2004년 5월, 탄핵으로 인한 직무정지가 끝나고 주한외교단과의 자리에서 나온 말이다. 자신의 발언으로 탄핵을 당했다가 헌법재판소 판단으로 다시 대통령으로 복귀하는 과정을 예수의 부활에 빗댄 유머였다. 두 번째 발언은 2005년 주한미군 고위 장성들을 초청한 오찬에서 던진 유머다. 굿맨은 이날 참석한 미군 연합사 기획참모부장 '존 굿맨'을 지칭한다. 성씨를 소재로 한 말장난이 동서양 구분 없이 통했던 것이다.

이재명을 뽑는다고요? 이재명은 심는 겁니다.

— 이재명, 탈모 건강보험 공약을 밝히며

2022년 1월 4일, 이재명 당시 대표가 유튜브를 통해 밝힌 발언이다. 대선 기간 이재명 더불어민주당 후보의 공약집 초안에 탈모와 임플란트 건강보험 지원 공약이 들어가며 관심을 끌었다. 이후 공약이 빠졌다는 논란도 있었으나, 2025년 12월 보건복지부 업무보고를 보면 이재명 대통령은 탈모 치료제 건보 적용 확대를 주문해 순차적으로 진행될 것으로 보인다. 탈모인이 민감해할 수 있는 소재를 선거 국면에서 유머로 활용한 스피치였다.

다른 역대 대통령들도 유머를 구사하려고 노력해 왔다. 대통령의 유머는 국민에게 웃음과 희망을 주기도 하고, 딱딱한 분위기를 유연하게 만들어 민감한 문제를 푸는 데 도움을 주기도 한다.

솔직히 말씀드리면 제 고향은 크립톤 행성입니다. 아버지 '조—엘'(슈퍼맨의 아버지)이 지구를 구하라고 저를 보냈단 말이죠.

2008년 10월 미국 뉴욕 맨해튼. 천주교 뉴욕대교구 주최 자선 만찬장이었다. 턱시도를 입고 연단에 올라 '슈퍼맨의 고향'인 크립톤 행성에서 태어났다는 황당한 주장을 한 사람은 당시 민주당 대통령 후보였던 버락 오바마였다. 그는 한 가지 비밀을 더 공개하겠다고 했다.

사실 제 중간 이름(후세인)은 제가 대통령이 되리라고는 상상도 하지 않은 분이 대충 붙인 겁니다. 제 진짜 중간 이름

은 '스티브'입니다. 그러니까 제 이름은 '버락 스티브 오바
마'입니다.

오바마 전 대통령의 발언은 자신의 출생과 이름을 둘러싼 문
제 제기를, 유명 영화를 빗대어 유쾌하게 풀어 주목을 받았다.
이후에도 그는 미국 역대 대통령 가운데 둘째가라면 서러울 정
도로 유머 감각을 선보였다. 재선에 성공한 뒤 초대된 4년 전
만찬에서는 공화당 후보에게 1억 달러를 기부했다는 재벌 셸
던 아델슨을 비꼬며 '그 돈이 있으면 섬을 하나 사서 노바마
(Nobama·오바마는 안 돼)라고 이름을 붙이지 그랬냐?'고 말했
다. 그는 이번 만찬에서도 대통령 생활의 회한을 위트 있게 표
현해 큰 박수를 받았다.

대통령의 유머는 갈등 완화와 유대감 형성을 하기도 하지만
때로는 비판과 창의력을 촉진시키는 매개로도 사용할 수 있는
것이다.

Part 5

말하는 대통령,
말하지 못하는 국민

09

국민과 권력자의 언어가 만날 때

연쇄와 교차의 전략

국민과 권력자의 언어적 특징

국민의 말과 권력자의 말은 차이가 크다. 권력자의 말과 글은 단순히 정보를 전달하는 데 그치지 않는다. 주도권을 장악하고, 타인의 마음을 움직이며, 자신의 영향력을 행사하는 강력한 도구로 기능한다. 또한 권력자의 말과 글은 정보를 통제하고 여론을 형성하며, 때로는 배제와 편 가르기를 통해 권력을 유지하는 수단이 되기도 한다. 이 과정에서 침묵, 단호함, 때로는 거친 표현이나 조롱이 동원되기도 한다.

권력자의 말과 글의 특징을 살펴보면, 주도권 장악을 우선으로 한다. 대화의 흐름을 이끌고 자신의 의견을 관철시키고자 한다. 권력자의 말과 글에는 카리스마와 설득의 요소가 담겨 있으며 친절함, 세련된 표현 등을 통해 청자의 마음을 사로잡고 공감대를 형성하는 능력을 보이기도 한다. 또한 정보 통제 및 여론 형성을 주도하려고 한다. 정보를 통제하고 '우리'와 '그들'을 나누는 이분법적 언어로 집단을 고립시키기도 한다. 가끔은 절제된 언어로 투명성을 높이기도 하지만, 공개적 질책이나 거친 발언으로 권위를 드러내기도 한다. 심지어 '선량한 국민'과 '불순한 세력'으로 나누어 적대감을 유발하거나, 약자에 대한 연민 없는 언어를 사용하기도 한다. 결국 권력자의 말과 글은 권력 관계를 형성하고 유지하며, 의사소통의 단순한 수단을 넘어 사회적·심리적 영향력을 행사하는 중요한 수단이다.

이에 반해 국민의 말과 글은 주로 비판, 감시, 공공 언어의 개선 요구의 형태로 나타난다. 국민은 언론의 자유를 바탕으로 권력의 언어적 왜곡을 지적하고, 알 권리를 추구하며, 일상생활에 영향을 미치는 난해한 공공 언어를 개선하고자 한다. 국민은 언론을 통해 권력자의 발언을 주시하고, 부적절한 언어 습관, 망언, 위기 모면용 거짓말 등을 비판한다. 이는 권력자가 말 실수 하나로 지지율 하락 등 정치적 타격을 입을 수 있음을 보여준다. 국민은 공공 정책이나 중요한 사안에 대해 명확하고 투명한 정보를 얻을 권리가 있다. 따라서 국민의 말과 글은 권력자의 말과 글에 수동적으로 반응하는 데 머무르지 않아야 한다.

권력자의 말과 글의 속성을 파악하고 비판하며, 더 나은 사회적 소통을 위해 정치 문화를 적극적으로 변화시키려는 능동적이고 비판적인 힘을 가져야 한다. 국민의 언어는 비판과 감시의 기능이 강조될 필요가 있고, 권력자의 언어에는 절제와 공익의 기능이 적용되어야 한다.

앞서 '스피치는 기술이 아니라 태도'가 중요하다고 설명한 바 있다. 같은 논리로 국민과 권력자의 말과 글은 서로 다른 특징을 보이지만, 기술보다 태도가 우선이다.

평생을 행복하게 살려면 태도를 바르게 해봐. 삶을 마주하는 태도. 사람들은 다 재능, 운은 얘기하지만 왜 태도를 얘기 안 하는지 몰라. 압도적으로 영향력이 큰 거는 사람의 인생에 대한 태도에요. 사람들을 대하는 태도, 일을 대하는 태도. 그것 자체가 사람들의 가치관을 형성시키는 거야. 남자들 군대 가 보면 아는데 어떤 고참은 하루 종일 툴툴대요. 하루 종일. 어떤 고참은 하루 종일 웃고 다녀요. 다른 거야. 삶을 대하는 태도가 다르다니까. 모든 것을 이기는 것. 학벌도 이기고, 집안 내력도 이기고, 집의 재산, 부모님의 능력, 사는 지역 다 이길 수 있는 것은 태도 하나밖에 없어요. 그걸로 천하무적이 돼요.

― 정승제, 유튜브 중에서

일타 수학강사 정승제의 발언이다. 삶도 정치도 마찬가지다. 사람을 대하는 태도, 일을 대하는 태도만 보아도 그 사람의 됨됨이를 알 수 있다. 권력자나 정치 지도자들이 갖춰야 할 것이 바로 올바른 태도다.

그러나 냉정히 따져보면 말과 글에는 기술과 기교도 반드시 필요하다. '스피치는 기술이 아니라 태도'라고 강조한 이유는, 기초 공사와 설계 기반을 다진 뒤 건물을 세우기 위한 장치이기 때문이다. 스피치의 세계에서는 기술과 기교의 차원에서 연쇄 기법과 교차 기법을 흔히 활용한다. 연쇄 기법은 뜻이 닮은 말을 연속으로 활용하거나 낱말의 끝을 연속으로 활용하는 방식이다. 교차 기법은 말을 교차하거나, 말의 위치를 바꾸어 교차시켜 강조 효과를 극대화하는 방식이다. 사람과 일을 대하는 올바른 태도를 바탕으로, 스피치의 기술과 기교도 함께 익혀보자.

연쇄와 교차 기법으로 말하기

연쇄 기법은 뜻이 같거나 닮은 말을 연속으로 활용해 의미를 강조하거나 표현에 운율을 더할 때 자주 쓰이는 기법이다. 단어만 연쇄적으로 쓰는 경우도 있고, 끝말을 활용하는 경우도 있다.

                                    대통령의 스피치

예를 들어 '그는 평생 고생 고생하며 살았다'라는 표현은 '고생'을 반복하여 어려움의 정도를 강조한다. '그의 행동은 의심 의혹을 사기에 충분했다'에서 '의심'과 '의혹'은 비슷한 의미로, 불신의 마음을 강조한다. '이 문제에 대한 너의 생각, 사상을 알고 싶다'에서 '생각'과 '사상'은 유사한 의미로, 특정 주제에 대한 견해를 강조한다. 이러한 표현은 의미가 유사한 단어를 나란히 배치해 의미를 심화하거나 표현의 효과를 극대화할 수 있다.

연쇄 기법은 한자 숙어에도 많다. '필사즉생 필생즉사(必死則生 必生則死)'가 대표적이다. '죽고자 하면 살 것이요, 살고자 하면 죽을 것이다'라는 뜻을 담고 있다. '필(必)'과 '죽을 사(死)', 그리고 '필(必)'과 '살 생(生)'이 각각 짝을 이루어 반복과 대비를 이룬다. 임진왜란 당시 이순신 장군이 병사들의 사기를 북돋우기 위해 한 말로 널리 알려져 있다. 죽음을 각오하고 결사적으로 싸움에 임해야 승리할 수 있다는 강렬한 교훈을 남긴다. '유비무환(有備無患)'은 '준비가 되어 있으면 근심이 없다'는 뜻으로, 철저한 대비의 중요성을 강조한다. '고진감래(苦盡甘來)'는 '고생 끝에 즐거움이 온다'는 뜻인데, '고통(苦)'과 '달콤함(甘)'이라는 대조적이면서도 인과관계에 있는 단어를 연결해 희망의 메시지를 전달한다.

'지혜로운 자는 당황하지 않고, 어진 자는 근심하지 않으며,

용맹한 자는 두려워하지 않는다.' 공자의 《논어》에서 언급된 말이다. '당황하지 않음', '근심하지 않음', '두려워하지 않음'이라는 유사한 상태를 각각 지혜·어짐·용맹과 연결해 반복적으로 강조함으로써 연쇄 기법의 장점을 드러낸다. '생각하는 대로 살지 않으면, 사는 대로 생각하게 된다'는 폴 부르제의 말인데, '생각'과 '삶'의 위치를 바꾸어 반복함으로써 주체적인 삶의 태도를 강렬하게 표현했다. '빨리 가려면 혼자 가고, 멀리 가려면 함께 가라'는 아프리카 속담이다. '가다'라는 행위를 '혼자/빨리'와 '함께/멀리'의 구조로 반복해 협력의 가치를 일깨운다.

중간이나 끝의 낱말을 연속으로 활용하는 것도 연쇄 기법의 한 방식이다. '우리의 슬픔은 분노로 바뀌었으며, 분노는 결의로 바뀌었습니다'라는 발언은 2001년 9월 11일 테러 직후 조지 부시 당시 미국 대통령이 한 연설에서 나온 유명한 문구다. ABBC 구조를 보인다. A는 '우리의 슬픔', B는 '분노', C는 '결의'를 의미하며, 짧은 문구 속에서도 탄탄한 구성을 보여준다. 격언 중에 '지혜가 없으면 용기가 없고, 용기가 없으면 실천이 없으며, 실천이 없으면 성취도 없다'는 끝의 낱말을 연속으로 활용한 사례다.

'시작은 반이다. 끝은 끝이다'라는 표현은 시작의 중요성을 강조하는 말에 대비하여 끝맺음 또한 명확해야 한다는 의미로

쓰인다. 끝 낱말이 다음 문장의 시작으로 이어지는 연쇄 기법을
활용한 정치인의 명언이다.

> 생각이 바뀌면 행동이 바뀌고, 행동이 바뀌면 습관이 바뀌
> 고, 습관이 바뀌면 인격이 바뀌고, 인격이 바뀌면 운명이
> 바뀐다.

이 문장은 인도의 정치 지도자 마하트마 간디가 남긴 것으
로 널리 알려져 있다. 미국의 심리학자 윌리엄 제임스의 말로
도 자주 인용되나, 간디의 철학을 설명할 때 대표적으로 쓰이
는 문구다.

고전에 수록된 문장 중에서도 끝말을 활용한 사례가 있다.
《대학》에 '수신제가치국평천하(修身齊家治國平天下)'라는 표현
이 있다. 몸을 닦은 뒤 집안을 바로 세우고, 집안을 바로 세운
뒤 나라를 다스리며, 나라를 다스린 뒤 천하를 평정한다는 뜻을
담고 있다. 이는 연쇄 기법의 전형이다.《논어》의 '믿음이 없으
면 서지 못하고, 서지 못하면 행하지 못하며, 행하지 못하면 이
루지 못한다'도 연쇄 기법의 극치를 보여준다. 이러한 표현은
화자가 전달하고자 하는 가치가 단계적으로 확장되어 결국 큰
변화를 일으킨다는 논리를 강조할 때 효과적으로 적용된다.

　이제 연쇄 기법에 이어 교차 기법으로 재미있게 말하기에 도전해 보자. 빌리 브란트는 '자유가 없으면 평화는 있을 수 없으며, 평화가 없으면 자유 또한 있을 수 없다'는 말을 남겼다. '자유'와 '평화'를 교차해 활용했다. 소크라테스의 명언 중에 '살기 위해 먹어야지, 먹기 위해 살아서는 안 된다'는 말도 교차 기법의 사례다. 윈스턴 처칠의 '우리는 건물을 만들고, 그 후에는 건물이 우리를 만든다'는 표현과 벤자민 프랭클린의 '계획을 세우지 않는 것은 실패를 계획하는 것과 같다'는 표현도 교차 기법을 활용했다.

　사랑과 인간관계에 대한 표현에도 교차 기법은 유용하다. 리히텐베르크는 '사랑은 눈을 멀게 하지만, 결혼은 눈을 뜨게 한다'는 명언을 남겼고, 윌리엄 제임스는 '행복해서 웃는 것이 아니라, 웃어서 행복한 것이다'라는 명언을 남겼다. 교차 기법의 훌륭한 사례이다. 교보문고 설립자 신용호 회장이 남긴 교보문고 브랜드 스토리도 의미심장하다. '사람은 책을 만들고, 책은 사람을 만든다'라는 표현은 연쇄와 교차를 함께 활용하여 효과를 극대화했다. 이러한 교차 구조는 메시지를 강렬하게 각인시키고 논리적 완결성을 주는 장점이 있다.

독서와 스피치의 상관관계

스피치의 근간은 독서다. 독서가 스피치에 미치는 영향은 운동이 육체에 미치는 영향과 다를 바 없다. 소크라테스는 '남의 책을 읽는 데 시간을 보내라. 남이 고생한 것으로 쉽게 자신을 개선할 수가 있다'고 말한다. 문자화되지 않은 철학은 철학이 아니라는 속설에도 불구하고, 소크라테스가 자신의 철학을 책으로 남기지 않은 것은 아이러니가 아닐 수 없다. 자신의 생각이나 철학을 누군가에게 빼앗기고 싶지 않았던 것일까.

그러나 소크라테스의 제자 플라톤의 생각은 달랐다. 그는 아카데메이아의 창설자로, 제자인 아리스토텔레스와 함께 고전기 헬라스 철학을 대표하는 학자가 되었다. 한 권의 책도 남기지 않은 소크라테스와 달리 플라톤의 연구 분야는 형이상학, 정치학, 윤리학, 인식론 등 서양 철학의 여러 영역에 걸쳐 있으며, 실상 유럽 철학을 플라톤을 중심으로 재편하였다. 특히 스피치에 관심이 있는 사람이라면 플라톤의 《대화편》은 반드시 읽어야 할 책이다.

'좋은 책을 읽는 것은 과거의 가장 뛰어난 사람들과 대화를 나누는 것과 같다'는 데카르트의 발언도 새겨 들을 만하다. 독서광으로 알려진 베이컨은 '독서는 알찬 사람을 만들고, 회의는 민첩한 사람을 만들고, 작문은 정확한 사람을 만든다'고 강조했다. 아울러 '어떤 책은 맛보고, 어떤 책은 삼키고, 소수의 어떤 책은 잘 씹어서 소화해야 한다'고 덧붙였다.

세상 여러 분야의 리더들도 책을 가까이했다. 심지어 독재자까지도 책과 독서의 유용성을 믿었다. 나폴레옹의 독서열은 대단했던 것으로 알려졌다. 여행 도중에도 독서를 게을리하지 않았다. 그런데 그는 한 번 읽은 책은 보관하지 않았다고 한다. 마차에서 읽은 책은 늘 창 밖으로 던져 버렸다는 일화도 전해진다.

책은 '보는' 것일까, '읽는' 것일까. 어쩌면 책과 독서는 나폴레옹에게 삶을 위한 간단한 도구에 불과했을지도 모른다. 그러나 성우이자 스피치에 관심이 지대한 나의 입장에서는 요즘의 독서 방식에 대한 불만이 있다. 독서의 '독' 자는 무엇을 의미하는가. '읽을 독(讀)'이다. 그런데 사람들은 책을 눈으로만 읽는다. 스피치에서는 소리 내어 읽어야 한다. 개인 레슨이나 학원에서 강의할 때 책이나 연설문, 혹은 발표문을 직접 소리 내어 읽어 보라고 권한다. 주변의 후배들에게도 아이를 공부 잘하는 아이로 키우고 싶다면, 아이가 태어나자마자 부모가 책을 직접 읽어주라고 권한다. 아이가 자라며 소리 내어 글을 읽다 보면 암기력에 도움이 될 뿐 아니라 문맥 이해도도 높아지기 마련이다. 독서를 좋아하지 않는데 아이가 커서 서울대를 갔다는 이야

기는 들어본 적이 없다. 책을 소리 내어 읽지 않는 것은 독서가
아니라 묵서다.

역대 대통령들의 연쇄와 교차 스피치

노태우 전 대통령도 교차 기법을 활용한 적이 있다. 1988년
대통령 취임사에서 민주주의 시대를 열겠다는 의지를 밝히며,
'자율과 인권을 소홀히 여기거나, 밀실 고문이 통하는 시대는
끝났으며, 자율과 참여를 빙자하여 무책임하게 혼란을 일으킬
수 있는 시대 또한 끝나야 합니다'라고 말했다. 유사한 구조의
문장을 연쇄적으로 배치하고, 일부를 교차시켜 강조 효과를 높
인 대목이다.

김영삼 전 대통령의 어록 중에도 문장 구조가 서로 짝을 이
루며 대조와 강화를 이루는 교차법이 사용된 경우가 있다. 퇴
임사에 수록된 '영광의 시간은 짧았지만, 고통과 고뇌의 시간은
길었습니다'가 대표적이다. 이 문장은 '영광의 시간'과 '고통과
고뇌의 시간'이라는 상반된 구절을 교차시켜 자신의 파란만장
했던 정치 역정을 함축적으로 표현한 것이다. 아울러 '나는 잠
시 살기 위해 영원히 죽는 길을 택하지 않고, 영원히 살기 위해

잠시 죽는 길을 택하겠습니다’라는 발언과 ‘닭의 모가지를 비틀어도 새벽은 온다’ 등 직설적이고 함축적인 어록들도 유명하다. 이는 그의 강력한 신념과 정치적 결단을 보여주는 상징적 표현으로 남았다.

김대중 전 대통령의 발언 중 ‘서생적 문제의식과 상인적 현실감각의 결합이 중요하다’는 말도 자주 회자된다. 이상을 추구하는 학자(서생)의 뚜렷한 문제의식과, 현실을 파악하고 실질적으로 해결하려는 장사꾼(상인)의 날카로운 감각을 정치인뿐 아니라 모든 분야의 성공한 사람이 갖춰야 한다는 뜻으로, 원칙과 현실감각의 조화를 강조한 말이다. 이 말은 ‘서생적’과 ‘상인적’이라는 단어의 대구를 통해 리듬감과 균형감을 부여한 사례이기도 하다.

‘세상을 바꾸려면 제도를 바꿔야 하고, 제도를 바꾸려면 생각을 바꿔야 한다. 생각을 바꾸려면 교육을 잘해야 하며, 사람들의 생각이 바뀌어야 세상이 달라진다’는 문장은 노무현 전 대통령의 연설이나 저서에서 자주 인용되는 핵심 메시지다. 세상→제도→생각→교육→생각→세상으로 이어지는 낱말과 개념을 연쇄적으로 확장하고, 반복·변주하는 방식으로 메시지의 격을 높였다.

대통령은 아니었지만 김종필 전 총리는 ‘정치는 허업(虛業)

이다'라는 명언을 남겼다. 기업인은 '실업(實業)'을 하여 열매를 얻지만, 정치인은 국민을 위해 봉사한 뒤 손에 쥐는 것 없이 물러나야 한다는 뜻에서 '실업'과 대비되는 '허업'이라는 말을 즐겨 썼다. 대비(대조)의 기법을 세련되게 활용한 사례다. 정치가들의 이러한 화법은 청중의 기억에 오래 남고, 복잡한 정치적 메시지를 간결하고 힘 있게 만드는 효과가 있다.

중국의 마오쩌둥은 '감히 생각하고, 감히 행동하라'는 구호로 깊은 인상을 남겼다. '감히 ~하라'는 구조를 반복하여 대중의 적극적 참여와 변화를 독려하는 문구로 사용하였다. 짧은 문장 속에서 반복의 힘이 극대화된다.

역대 미국 대통령들은 연쇄 기법과 교차 기법의 대가들이었다. 링컨 전 대통령은 '잠깐의 거짓은 숨길 수 있어도 영원한 진실은 숨길 수 없다'는 표현으로 주목을 받았다. '잠깐의 거짓'과 '영원한 진실'을 대조해 메시지의 긴장을 높인 것이다. 케네디 전 대통령은 취임 연설에서 '조국이 당신을 위해 무엇을 해줄 수 있는지 묻지 말고, 당신이 조국을 위해 무엇을 할 수 있는지 물어보십시오'라고 말했다. 핵심 단어를 교차 배치해 각인을 강화한 대표적 문장이다.

조지 부시 전 대통령은 '우리가 적들을 정의의 심판대에 세우든, 정의를 적들에게 가져다주든, 정의는 반드시 실현될 것입니다'라는 발언으로 '정의'라는 낱말을 연쇄적으로 반복하며 자신의 주장을 정당화했다. 지미 카터 전 대통령도 짧은 문장으로 교차 구조를 완성했다. '미국이 인권을 발명한 것이 아닙니다. 인권이 미국을 발명한 것입니다'라는 표현에서 '미국·인권·발명'의 위치를 바꾸어 메시지의 균형과 반전을 만들었다.

버락 오바마 전 대통령도 '여러분이 미국을 지지해 주었습니다. 이제 미국이 여러분을 지지해야 합니다'라는 문장으로 호응을 얻었다. '여러분'과 '미국'이라는 상대 개념을 교차시키며 청자의 공감을 이끌어냈다.

역대 대통령들과 정치인들이 연쇄·교차 기법을 사용하는 이유는 메시지에 리듬감을 주고 균형을 부여하여 청중이 내용을 더 명확하고 오래 기억하게 만들기 때문이다. 스피치에도 기술과 기교가 필요한 이유다.

10

국민의 말을 복원하는 스피치

예의와 흥미의 전략

신문고와 국민의 말

신문고는 조선 태종 때 대궐의 문루에 달아 두어, 백성이 억울한 일을 호소할 때 치게 한 북이다. 국민의 말을 북이 대신한 셈이다. 특히 신문고는 백성의 억울함을 임금에게 직접 호소하기 위해 대궐 문에 설치했던 장치로, '억울함을 임금에게 알린다'는 뜻이며, 현대에는 '국민신문고'처럼 민원을 접수하는 온라인 창구를 의미하기도 한다. 즉 과거에는 물리적으로 북을 치는 제도였고, 현재는 인터넷으로 민원이나 제안을 받는 시스템의 이름으로 쓰인다.

그러나 신문고는 국왕이 직접 백성의 억울함을 처리해 준다는 점에서 의미가 있지만, 민의 창달이라는 관념적 뜻에 부합하기보다는 태종 초 왕권을 강화하는 과정에서 특수 신분층에 은총을 내리고 관료의 발호를 억제하는 효과의 제도라는 한계를 지닌다. 중국의 등문고 제도를 본받아 1401년 태종 때 처음 설치되었고, 당시 명칭도 등문고였다고 한다.

현대적 의미에서 국민신문고는 국민권익위원회가 운영하는 시스템으로, 민원 신청, 국민 제안, 정책 참여 등을 할 수 있는 온라인 포털이다. 안전신문고는 행정안전부에서 운영하는 시스템으로, 생활 속 안전 위험 요인을 신고하는 곳이다. 신문고는 '억울함을 아뢴다'는 뜻의 역사적 제도에서 유래하여, 오늘날에는 국민의 의견을 듣는 다양한 온라인 창구를 지칭하는 이름으로 사용된다.

스피치는 정치 지도자나 권력자의 말과 글을 수동적으로 받아들이게 만드는 장치가 아니다. 화자와 청자는 수시로 바뀔 수밖에 없고, 각자 자신의 메시지와 진심을 효과적이면서도 세련되게 전달하고자 하는 목표가 있다. 과거에는 강압에 못 이겨 말하지 못했던 국민의 말을, 오히려 복원하는 것이 더 중요한 목표가 되어야 한다.

그렇다면 대통령의 스피치는 왜 살펴봐야 하는가. 사실 역대 대통령들은 말과 글로 국정을 운영해 왔다. 더군다나 대통령의 말과 글은 권력 그 자체였다. 대통령의 말과 글만 보아도 정권의 통치 스타일을 가늠할 수 있다. 《대통령의 글쓰기》의 저자 강원국 작가는 이런 말을 남겼다.

> 그야말로 말과 글의 혼돈 시대다. 말과 글이 갈등을 해소하고 문제를 해결하지 못한다. 도리어 갈등을 부추기고 문제를 야기하고 있다. 말과 글의 위기는 대통령의 위기고, 대통령의 위기는 곧 대한민국의 위기다.
>
> — 강원국, 《대통령의 글쓰기》 서문 중에서

따라서 나는 역으로 제안하고 싶다. 과거는 '권력자 스피치의 혼돈 시대'였다. 권력자들의 스피치는 갈등을 해소하고 문제를 해결하지 못했다. 도리어 갈등을 부추기고 문제를 야기해왔다. 권력자들의 스피치와 그 위기는 대통령의 위기이며, 대통령의 위기는 곧 대한민국의 위기다. 역대 대통령들의 위기가 어디에서 비롯되었는지 살피고, 그 방안을 찾아야 한다. 강압에 못 이겨 쉽게 꺼내지 못했던 국민의 말이 복원되어야 하는 이유다.

예의와 흥미로 설득하는 방법론

세월의 흐름에 따른 변화와 상실감을 은유적으로 표현하며 '나이는 모든 것을 훔친다'는 말을 흔히 쓴다. 나이가 들면서 신체적 활력, 젊음의 모습, 때로는 사랑하는 사람들과의 관계 등 많은 것을 잃어버릴 수 있다는 뜻이다. '나이는 숫자에 불과하다'는 말도 있지만, 무시하거나 속이기 어려운 것이 또한 나이다. 루소는 '10세에는 과자에, 20세에는 연인에, 30세에는 쾌락에, 40세에는 야심에, 50세에는 탐욕에 움직인다'고 했다. 유대인의 속담에 '일곱 살 때는 일곱 살답게, 일흔 살에는 일흔 살답게 행동하라'는 말이 있다. 대체로 나이에 따라 관심사가 다르므로, 나이에 맞는 말과 행동이 필요하다는 뜻이다.

예의는 자기 자신을 비추는 거울이다. 나이를 떠나 상대에게 예의를 지키는 스피치 전략은 동서고금을 막론하고 통한다. 정치권에서는 화자가 예의를 저버린 발언 하나로 보수와 진보를 가리지 않고 감정의 골이 깊어지기도 한다. 거만하고 교만한 화자의 말에 귀를 기울일 청자는 없다. 예의를 지키고 겸손하며 사양하는 마음이 있는 화자의 말에 귀를 기울인다. 이른바 예의의 전략이 필요하다. 예의는 화자의 품격과도 직결되기 때문이다.

  대통령의 스피치

예의와 관련된 고전과 명언은 그 효용성을 거듭 입증한다. 공자의 《논어》에는 '예가 아니거든 보지 말라. 예가 아니거든 말하지 말라. 예가 아니면 움직이지 말라'고 한다. 또 '예절이 없으면 공손함은 수고로움이 되고, 신중함은 두려움이 되며, 용기는 혼란이 된다'는 표현도 있다. '항상 겸손하라. 겸양과 친절은 예의의 기본이다'라는 말과 '무례한 사람의 행위는 내 행실을 바로잡게 해주는 스승이다'는 주장도 공자의 가르침으로 전해진다.

장자는 '공경과 예의는 인간 사회를 지탱하는 기초'라고 했고, 관자는 '곳간이 차야 예절을 알고, 먹고 입는 것이 넉넉해야 영광과 치욕을 안다'고 했다. 예의가 단순한 형식이 아니라 내면의 성숙, 타인에 대한 존중, 사회적 관계의 기반임을 보여주는 것이다. 동양권에서는 사람의 시선과 말과 행동에 대한 규범이 '예의'로 귀결되는데, 고전과 성현의 충고는 스피치의 세계에서도 여전히 활용도가 높다.

서양권이라고 해서 예의 개념이 빠질 리 없다. 올바른 예의는 대화와 토론에서 전략적으로 유리하다. 쇼펜하우어는 '열이 초를 녹이듯 예의 바름은 상대방을 부드럽게 만든다'고 했다. 그는 《윤리학》에서 '예절이란, 도덕적으로 또 지적으로 빈약한 서로의 성질을 모르는 척하면서 비난하지 말자고 하는 암묵 속의 협정이다'라고도 했다. 볼테르는 '겸손은 거만의 해독제'라고 강조했고, 에머슨은 《공립교육 및 사학》에서 '예의는 법률보다 위대하다. 섬세한 예절은 아무도 침해 못 하는 방어벽을 만든다'고 주장했다. 영국 정치학자 에드먼드 버크도 '예절은 법보다 중요하다. 예절은 우리에게 옷을 입히고, 사회를 유지하며, 우리 삶에 품격을 부여한다'고 설명했다.

영화배우 오드리 헵번은 '아름다운 자세를 갖고 싶다면 결코 당신 혼자서 걷고 있지 않음을 명심하라'며 타인에 대한 존중과 매너의 중요성을 강조했다. 괴테는 '한 사람의 품격은 그가 자신에게 아무런 도움이 되지 않는 사람을 어떻게 대하느냐에서 드러난다'며 태도의 문제를 짚었다.

예의의 가치와 영향력에 대해 명사들은 말을 아끼지 않았다. 몬터규는 '예절은 비용을 들이지 않고도 모든 것을 얻게 해준다'고 했고, 클라렌스 토머스는 '바른 예절은 최고의 교육으로도 열 수 없는 문을 연다'고 했다. 소웰은 '공손함과 타인에 대한 배려는 동전을 투자해 지폐를 돌려받는 것과 같다'고 했고, 워커는 '매너는 돈으로 살 수 없는 곳까지 당신을 안내해 줄 것이다'라고 강조했다.

스피치는 청중의 흥미와 재미를 끌어낼 수 있어야 한다. 러셀은 흥미에 대해 다음과 같이 말한다.

흥미의 세계가 넓으면 넓을수록 행복의 기회가 많을 것이요, 운명의 지배를 덜 당하게 된다. 하나를 잃으면 다른 것을 선택할 수 있기 때문이다.

— 러셀,《나의 정신적 편력》중에서

흥미를 행복과 운명으로 연결하는 언급에서 저자의 세계관이 드러난다. 생텍쥐페리는 '왜 굳이 의미를 찾으려 하는가?'라고 묻고, '사막이 아름다운 것은 어딘가에 샘이 숨겨져 있기 때문이다'라는 문장으로 그 질문을 작품에 투영했다. 과도한 의미 부여보다 현재의 즐거움에 집중하라는 메시지이자, 숨겨진 즐거움을 발견하는 시각을 강조한 셈이다.

따라서 화자는 신뢰를 얻을 수 있도록 예의범절을 지키는 것은 물론, 청자의 흥미를 끌어낼 수 있는 방법을 연구해야 한다. 정치 지도자가 연설을 시작한다고 가정해 보자. 흥미를 끌어 청중의 마음을 사로잡고 메시지를 효과적으로 전달하기 위해서는 다음 8가지 요소를 고려해야 한다.

첫째, 강렬한 오프닝이다. 연설 시작 30초 이내에 청중의 이목을 집중시켜야 한다. 흥미로운 일화, 충격적인 통계, 관련 질문, 대담한 주장 등으로 호기심을 자극해야 한다.

둘째, 명확한 핵심 메시지의 전달이다. 연설의 핵심 아이디어가 무엇인지 분명히 정의해야 한다. 청중이 연설 후 무엇을 기억하길 바라는지 한두 문장으로 요약할 수 있어야 한다.

셋째, 공감과의 연결이다. 청중의 관심사, 가치관, 경험과 맞닿는 내용을 포함해야 한다. 개인적 이야기나 보편적 감정을 공유해 공감대를 형성하고 신뢰를 얻어야 한다.

넷째, 흡입력 있는 스토리텔링이다. 사실과 수치의 나열보다 이야기를 통해 메시지를 전달하는 편이 낫다. 잘 구성된 스토리는 감정을 불러일으키고 기억을 돕는다.

다섯째, 구체적 예시와 생생한 묘사다. 추상적 개념 대신 구체적 예시, 이미지, 비유를 사용해 내용을 생생하고 이해하기 쉽게 만들어야 한다. 오감을 자극하는 묘사가 효과적이다.

여섯째, 변화와 다양성이다. 연설의 속도, 톤, 볼륨에 변화를 주어야 한다. 에너지 레벨을 조절하고 적절한 침묵을 활용해 긴장감을 만들고 중요한 순간을 강조할 수 있어야 한다.

일곱째, 명확한 구조다. 서론-본론-결론의 구조가 분명해야 한다. 전환이 매끄러워야 청중이 흐름을 따라가기 쉽다.

여덟째, 기억에 남는 클로징이다. 연설이 끝난 뒤에도 깊은 인상을 남길 수 있는 강력한 마무리가 필요하다.

이러한 요소들은 전설적인 TED 강연 등 많은 성공적인 연설에서 공통적으로 발견된다. 진정성 있고 잘 준비된 연설은 청중의 흥미를 유발하고 강력한 영향력을 발휘할 수 있다.

인의예지와 재미의 방법론

중국 속담에는 '남에게 머리를 숙일 때는 깊이 숙이라'는 말이 있다. 사과할 때는 바른 예의가 필요하다는 뜻이다. 인도의 속담에는 '꽃에는 향기, 사람에게는 예의가 필요하다'고 하고, 레바논 속담에는 '예의 바른 악마가 행동이 거친 성인보다 낫다'는 말이 전해진다. 페르시아 속담에는 '예의는 받는 쪽보다 지불하는 쪽을 풍요롭게 하는 지폐다'라고 강조한다.

일상 속 격언 중에서도 '독창적으로 실패하는 것이 모방으로 성공하는 것보다 낫다'는 표현은 흥미의 가치를 말한다. 우리 속담에는 '남의 집 불 구경 안 하는 군자 없다'는 말이 있다. 인간의 행동이 도덕보다 흥미에 더 많이 지배된다는 뜻이기도 하다.

'인의예지(仁義禮智)'는 유교에서 말하는 인간이 갖추어야 할 네 가지 핵심 덕목이다. 어질고, 의롭고, 예의 바르며, 지혜로운 성품을 뜻한다. 이는 맹자의 사단설에 기반하며, 각각 측은지심(惻隱之心), 수오지심(羞惡之心), 사양지심(辭讓之心), 시비지심(是非之心)이라는 본래의 마음씨에서 비롯된다.

인(仁): 어질고 사랑하는 마음(측은지심)

의(義): 옳고 그름을 판단해 정의를 행하는 마음(수오지심)

예(禮): 예의를 지키고 겸손하며 사양하는 마음(사양지심)

지(智): 지혜롭게 옳고 그름을 분별하는 마음(시비지심)

인의예지의 중요성은 크게 세 가지로 정리할 수 있다. 첫째, 인간의 본성이다. 맹자는 이 네 가지 마음이 인간 본래의 선한 성품(성선설)의 단서라고 보았고, 이를 잘 키워야 한다고 강조했다. 둘째, 사회적 실천이다. 개인의 덕목을 넘어 사회와 국가를 다스리는 왕도정치의 근본이 되기도 한다. 셋째, 일상생활의 의미다. 우리 삶 속에서 사랑, 정의, 예절, 지혜를 실천하는 바탕이 된다. 요약하자면 인의예지는 사람다운 삶을 살아가기 위한 핵심 덕목이자, 인간의 본성에서 우러나오는 선한 마음의 발현이라고 할 수 있다.

결국 고전이나 성현의 가르침을 스피치에 활용하는 것이 장점이 더 많다는 것이 나의 생각이다. 인간 본성의 회복과 사회적 실천, 그리고 일상생활의 의미를 스피치에 담아낸다면 강력한 무기가 된다.

따라서 예의를 지키는 전략과 흥미를 유발하는 전략으로 스피치의 네 가지 방법론을 제안한다. 첫째, 사과의 보편성. 둘째,

　　　　　　　　　　　　　　대통령의 스피치

예시의 유용성. 셋째, 숫자의 활용성. 넷째, 두운과 각운의 활용성이다.

첫째, 스피치에서 사과의 방식은 보편성을 띠어야 한다. 누구나 실수를 하고 과오를 저지른다. 그러나 정치권에서는 치명적인 잘못이나 말실수를 저질러도 사과에 인색한 경우가 많다. 사과도 타이밍이다. 적절한 방식과 시기가 있다. 빠르고 적절하게 사과를 하게되면 쉽게 해결될 일을 간과하는 경우가 너무 많다. 아이작 프리드먼은 '사과는 가장 달콤한 복수'라고 했고, 로빈 퀴버스는 '미래의 올바른 행동은 과거의 악행에 대한 최고의 사과'라고 강조했으며, 사라 오클러는 '미안하다는 말은 천 가지 행동에 맞서는 단어'라고 규정하기도 했다. 제대로 된 사과에는 '미안해', '내 잘못이야', '어떻게 바로잡을까?'라는 세 가지 요소가 담겨야 한다. 국내 정치권 관계자들이 새겨들어야 할 대목이다.

둘째, 스피치에서는 흥미를 높여주는 예시나 비유가 유용하다. 아인슈타인은 '인생은 자전거 타기와 같다. 균형을 잡으려면 계속 움직여야 한다'는 비유를 들었다. 정지해 있으면 넘어지는 자전거처럼 삶에서도 목표를 향해 끊임없이 노력하고 도전해야 안정적인 상태를 유지할 수 있다는 뜻으로, 청자의 호응을 얻었다. 스마일즈는 '기회는 새와 같은 것이니, 날아가기 전에 꼭 잡아라'라고 했다. 새가 날아가면 다시 잡기 어려운 것처럼 좋은 기회가 왔을 때 주저하지 말고 행동해야 한다는 뜻이다. 아프리카 속담에는 '항상 맑으면 사막이 된다'는 표현이 있다. 비바람 같은 어려움 없이 좋은 일만 지속되면 삶이 메마르고 황폐해질 수 있다는 의미로, 고난과 시련도 성장에 필요하다는 점을 시사한다. 에머슨의 '당신이 하는 행동은 당신이 하는 말보다 훨씬 크게 들린다'는 비유도 강력하다. 백 마디 말보다 한 가지 행동이 더 큰 영향력을 가진다는 사실을 청각적 이미지로 전달한다. 베이컨의 '돈은 최선의 종이요, 최악의 주인이다'라는 예시 역시 추상적 개념을 역할 대비로 구체화해 이해를 돕는다. 추상적인 개념을 구체적인 이미지로 연결하는 것이 스피치의 중요한 역할이다.

셋째, 스피치에서는 숫자의 마력이 크기 때문에 적극 활용해야 한다. 숫자별 의미와 활용 예시를 보자. 숫자 1(하나)이다. '백문이 불여일견'은 백 번 듣는 것이 한 번 보는 것보다 못하다는 뜻으로 1의 힘을 강조한다. 게리 켈러는 '가장 중요한 한 가지(The One Thing)'라고 표현했다. 중요한 일 하나에 집중하라는 의미다. 숫자 2(둘)다. '둘도 없다'는 말은 독보성을 강조한다. '두 번 생각하고 한 번 말하라'는 말도 신중함을 강조하는 지혜다. 숫자 3(셋)이다. '서당 개 삼 년이면 풍월을 읊는다'는 꾸준함을 강조한다. 링컨의 '국민의, 국민에 의한, 국민을 위한 정치'는 '3'의 리듬을 활용한 대표적 문구다. '삼삼오오 놀러 다녀라'는 숫자 5(다섯)의 여유와 어울림을 떠올리게 하고, '다섯 손가락 깨물어 아프지 않은 손가락이 없다'는 말도 마찬가지다. 숫자 7(일곱)은 '행운의 숫자'로 여겨 삶의 지혜를 상징하는 숫자로 쓰이기도 한다. '숫자로 말하라', '숫자는 어떻게 진실을 말하는가' 같은 표현은 설득의 상황에서 숫자만큼 강력한 도구가 없음을 말해준다. 숫자는 단순한 수를 넘어, 삶의 패턴과 지혜, 설득의 도구로 활용될 수 있다.

넷째, 두운(Alliteration)과 각운(Rhyme)은 스피치에서 광범위하게 활용된다. 문장이나 구절에 운율을 부여하고 기억하기 쉽게 만들기 때문에 영어권의 명언, 속담, 격언에서 특히 자주 쓰인다. 두운은 구절 내 여러 단어의 첫 자음 소리가 반복되는 기법이다. 'Time and tide wait for no man(세월은 사람을 기다려주지 않는다)'에서 Time과 tide의 't' 소리가 반복된다. 'Care killed the cat(걱정은 고양이도 죽이다, 즉 걱정은 몸에 해롭다)'에서 Care, killed, cat의 'k' 계열 소리가 반복된다. 각운은 단어 끝부분이 동일하거나 유사한 소리가 반복되는 기법이다. 'A friend in need is a friend indeed(어려울 때 돕는 친구가 진짜 친구다)'에서 need와 indeed의 끝소리가 반복된다. 'When the cat's away, the mice will play(고양이 없는 곳에 쥐가 설친다)'에서 away와 play의 끝소리가 맞물린다. 이러한 운율 요소는 명언과 속담이 오래 기억되고 구전되기 쉽게 만든다.

한글의 두운과 각운 활용도 살펴보자. 두운 활용으로는 '가는 말이 고와야 오는 말이 곱다'가 있다. 비슷한 소리의 반복으로 리듬감을 만든다. '말 말 말아라, 말 타면 말 내리지'는 언어유희를 포함한 표현으로 '말'의 반복을 통해 재미와 운율을 동시에 부여한다. '바스락거리는 가랑잎이 솔잎더러 바스락거린다고 나무란다'는 표현은 의성어의 반복으로 문장에 생동감과 리듬을 준다. 각운의 사례를 보자. 민요 '수궁가'의 '범 내려온다, 범이 내려온다'는 후렴의 반복으로 각운 효과를 낸다. '가자니 태산이요, 돌아서자니 숭산이라'는 '태산'과 '숭산'의 끝 음절을 맞추어 리듬을 만든다. 이러한 예시는 한국어의 운율이 음절 수나 유사한 소리의 반복을 통해 자연스럽게 형성됨을 보여준다.

예의와 흥미를 갖춘 대통령들의 스피치

역대 한국 대통령 중 스피치 측면에서 탁월한 인물로 자주 언급되는 인물 중 한 명이 김대중 전 대통령이다. 그는 대화와 소통의 기술로서 '경청'과 '존중'을 강조했다. '최고의 대화는 경청이다'라는 발언은 상대의 말을 귀 기울여 듣는 것이야말로 진정한 예의이자 소통의 핵심임을 강조한 말이다. 자서전에는 '용서와 사랑은 진실로 너그러운 강자만이 할 수 있다'고 썼는데, 타인에 대한 관용과 너그러움이 인간관계의 품격임을 보여준다.

김대중 전 대통령은 논리적인 달변가이면서도 상황을 반전시키는 유머를 즐겼다. '사람들이 나한테 아내 잘 뒀다는 말만 해요'라는 표현이 그 예다. 아내 이희호 여사의 헌신에 대한 칭찬을 들을 때면 '내 칭찬은 안 하고 아내 잘 뒀다는 말만 해서 가끔 억울하다'며 우스갯소리를 하곤 했다. '말은 했는데 안 갈 수도 없고'라는 발언도 1985년 망명 생활 중 귀국을 앞두고 주변의 우려에 재치 있게 응수한 사례로, 결연한 의지를 유머로 승화시켰다.

특히 김대중 전 대통령은 대구, 두운과 각운의 리듬을 즐겨 사용했다. '행동하지 않는 양심은 악의 편이다'라는 표현이나 '서생적 문제의식과 상인적 현실감각' 같은 표현은 단어를 대구 시키는 방식을 통해 논리적 안정감과 운율을 동시에 확보한 사례다. 리듬감(두운과 각운)을 활용한 명언은 문장을 더 쉽게 기억하게 하고 말의 권위를 높이는 효과가 있다.

김영삼 전 대통령은 풍자와 해학의 아이콘이었다. 특유의 경상도 사투리와 솔직한 화법으로 많은 유머를 남겼고, '세종대왕'을 '우리나라에서 가장 훌륭한 대통령'이라고 지칭하는 등 인간미 넘치는 말실수로 대중에게 재미를 주었다.

노무현 전 대통령은 직설적이고 소탈한 화법을 구사했다. 격식을 깨는 발언으로 지지자들에게 재미와 감동을 동시에 주었다. '대통령 못 해먹겠다'는 발언은 국정 운영의 어려움을 토로하며 남긴 파격적 표현으로 파장을 일으켰으나, 솔직하고 인간적인 면모를 보여주는 대표적 어록으로 남았다. '바보 노무현'이라는 별명을 스스로 즐기며 '바보 정신으로 정치를 하면 나라가 잘 될 것'이라고 말해 정치 철학을 재미있게 표현하기도 했다.

외국 대통령 중 예의와 공손함을 강조하며 깊은 인상을 남긴 인물도 많다. 루스벨트 전 대통령은 강인한 이미지 뒤에 품격 있는 태도를 중시하며, '예의는 품위의 상징이지, 비굴함의 상징이 아니다', '공손함은 용기만큼이나 신사의 증표이다'라는 표현을 남겼다. 또한 '부드럽게 말하되 큰 채찍을 들어라'라는 외교 원칙을 통해 힘을 갖춘 상태에서도 태도는 정중해야 함을 강조했다. 또한 대화와 연설에서 상대를 배려하는 절제의 예절을 강조했던 것으로 알려졌다. '진실하라, 간결하라, 그리고 자리에 앉아라'는 표현은 청중의 시간을 존중하는 것이 말하는 사람의 큰 예절임을 시사한다.

미국 건국의 아버지 워싱턴 전 대통령은 어린 시절부터 '사교 및 대화 시 지켜야 할 110가지 예절 수칙'을 필사하며 평생 실천한 것으로 유명하다. '다른 사람 앞에서는 그들이 이해하지 못하는 언어로 말하지 말라'거나 '다른 사람의 불행에 기뻐하는 기색을 보이지 말라. 비록 그가 당신의 적일지라도' 같은 말이 전해진다. 그의 사교 예절은 당시 유럽 대사 부인들로부터 경탄을 자아낼 정도였다고 한다.

링컨 전 대통령은 정적에게조차 공손함을 잃지 않는 태도로 '남북전쟁 이후 통합'을 이끈 인물이다. '누구에게도 악의를 품지 말고, 모든 이를 향한 자애로운 마음을 갖자'는 발언이나 '친절은 인생의 풍파를 견디게 해주는 유일한 서비스이다. 그것은 예의의 겉치레가 사라진 뒤에도 오랫동안 기억될 것이다'는 메시지는 품격이 느껴진다.

유머와 재치로 깊은 인상을 남긴 외국 정상으로는 로널드 레이건 전 미국 대통령과 버락 오바마 전 미국 대통령을 빼놓기 어렵다. 레이건은 '위대한 소통가'라는 별명으로 불렸다. 1981년 암살 시도 직후 병원으로 이송될 때, 수술을 집도하려는 의

사들에게 '여러분 모두 공화당원이시길 바랍니다'라고 말해 주변을 웃게 만들었다. 1984년 재선 출마 때 나이가 많다는 지적을 받자, 상대 후보의 젊음을 거론하며 '나는 이번 선거에서 상대방의 젊음과 미숙함을 정치적으로 이용하지 않을 것입니다'라고 말해 논란을 유머로 승화시켰다.

오바마 전 대통령은 매년 백악관 기자단 만찬에서 셀프 디스와 위트 있는 농담으로 정평이 났다. 임기 중 머리가 하얗게 센 것을 두고 "대통령이 되는 것은 모든 머리카락의 색깔을 바꾸는 일입니다"라고 자조하기도 했다. 가족과의 일상이나 공식 석상에서 '아빠 개그'로 불리는 소탈한 농담을 즐기기도 했다.

Part 6

스피치의 근육을 키우는 연습

11

스피치는 연기다
반복되는 언어의 전략

스피치 방식에 따라 결과가 다르다

아무것도 안 하면 아무것도 이루어지지 않는다. 행동하지 않으면 아무런 변화나 성과도 얻을 수 없다는 뜻이다. 기시미 이치로의《아무것도 하지 않으면 아무 일도 일어나지 않는다》는 아들러 심리학 관련 서적으로 유명하다. 인생의 문제를 해결하고 발전하려면 적극적인 실천과 용기가 필요하다는 핵심 메시지를 담고 있다. 이는 '가만히 있어도 상황이 나아지지 않으니, 스스로 움직여야 한다'는 격언이자 '구르는 돌은 이끼가 끼지 않는다'는 속담과도 맥락이 통한다.

정치인의 경우도 다를 게 없다. 정치 신인이든 베테랑이든 스피치에 약점이 있으면 공부하고 고치고 보완하는 게 맞다. 일반인이라고 해도 다르지 않다. 직장 내에서, 혹은 조직 내에서 리더의 길을 가고 있거나 그 길을 가고 싶다면 스피치에 대한 학습을 하는 게 옳다. 스피치의 힘을 알고 있다면 뭐라도 하는 게 낫다.

SK텔레콤 영상통화 완전정복 시리즈를 300여 편 내레이션으로 녹음한 이후, 나는 '완전정복 성우'로 불리기 시작했다. 또한 '완전정복'이라는 타이틀로 예능 프로그램과 유튜브, 홍보 영상들이 만들어졌다. 당시 새로운 기술이었던 3G 이동통신 서비스(영상통화 등)와 'T' 브랜드를 고객들에게 알리고, 이를 실생활에서 쉽고 재미있게 활용할 수 있는 방법을 '매뉴얼' 형식으로 소개하는 콘텐츠였다. '이동통신 완전정복'이라는 큰 틀 아래, '영상통화 완전정복', '요금 완전정복' 등 다양한 하위 주제를 시리즈 형태로 확장해 광고도 선보였다.

이후 내 삶은 달라졌다. 여러 방송국에 출연했고, 여러 언론사에서 인터뷰를 했다. 시각장애인을 위한 문재인 후보 공약 녹음, 19대 대선 문재인 캠프 문화예술정책 캠프 분과위원장, 문재인 문화예술정책 특보 등을 역임했다. 또한 이재명 후보의 20대와 21대 대선 방송토론단 PI 스피치 자문위원 역할을 했다. 더불어 홀트아동복지회에서의 장애인 돌봄 봉사나 중산고 미술부 학생들의 도움을 받아 '홀트얼굴전'을 기획하는 등,

장애인과 함께하는 이벤트에 지속적으로 참여하는 계기도 되었다.

위와 같이 장황하게 사설을 늘어놓은 것은 자랑하자는 게 아니다. 스피치의 힘을 알고 있다면 뭐라도 하는 게 낫다는 점을 강조하기 위해서다. 스피치 방식에 따라 결과는 분명히 달라진다. 그 사례를 보자.

한 남성 신도가 신부님을 찾아와 물었다.

"신부님, 하느님께 기도하는 중에 담배를 한 대 피워도 될까요?"

"……."

신부님은 대답하지 않고 언짢은 표정을 지었다.

며칠 후, 그 신도는 신부님을 찾아와 다시 물었다.

"신부님, 담배를 피우다가도 생각나면 하느님께 기도해도 될까요?"

그러자 신부님은 반색하며 밝은 표정을 지었다.

"그럼요. 생각이 나시면 언제 어느 때든 하느님께 기도하시면 됩니다."

기도 중에 담배를 피우든, 담배를 피우던 중에 기도하든 팩트는 같다. 그런데 신부님의 반응은 왜 달랐을까. 스피치의 방식에 따라 결과가 달랐던 것이다.

한 소설가의 말을 들어보자.

픽션의 대표적인 장르가 된 소설쓰기의 관건은, 내가 나 자신을 벗어나서 다른 사람이 되어본 후 그의 목소리를 내보는 쾌감을 경험하는 데 있다. 소설은 다른 사람이 되어보는 경험에서 출발한다. 언제든 지원하는 순간에 자신을 떠났다가(또 자신이 원하는 순간에) 언제든지 자신에게 되돌아올 수 있을 때, 그는 가까스로 소설가로서의 영혼의 근육을 가질 수 있다.

— 소설가 김도언, 페이스북 중에서

김도언 작가의 픽션론이다. 나는 역설적으로 다음과 같이 주장하고 싶다. 청중의 마음을 사로잡고 움직일 수 있는 스피치의 관건은, 내가 나 자신을 벗어나서 다른 사람이 되어본 후 그의 목소리를 내보는 쾌감을 경험하는 데 있다. 스피치는 다른 사람이 되어보는 경험에서 출발한다. 언제든 준비하는 순간에 자신을 떠났다가(또 자신이 원하는 순간에) 언제든지 자신에게 되돌아올 수 있을 때, 그는 가까스로 스피치 전문가로서 영혼의 근육을 가질 수 있다. 스피치는 연기다.

 대통령의 스피치

반복의 효과와 언어적 특징

나폴레옹 1세는 '반복은 수사학에서 가장 강력한 표현기법이다'라는 말을 남겼다. 반복되는 언어의 전략은 특정 단어나 구절을 되풀이함으로써 핵심 메시지나 아이디어에 힘을 실어주고, 청중의 주의를 집중시키는 효과가 있다. 특히 반복되는 구절은 기억에 더 잘 남는다. 이는 노래의 후렴구처럼 연설이나 글의 핵심 내용을 쉽게 상기시킨다. 반복은 말과 글에 리듬감을 부여해 청중이 듣기 편안하게 만들고, 더 설득력 있게 느끼도록 돕는다. 감정을 고취시키거나 청중을 설득할 때 반복은 강력한 효과를 발휘한다.

마호메트는 '반복해서 말하면 당나귀도 안다'는 명언을 남겼다. 어떤 내용이든 여러 번 반복해서 말하면 이해력이 부족한 사람이나 심지어 동물조차도 결국 알게 된다는 의미다. 주로 반복 학습의 중요성이나 때로는 잔소리를 비유할 때 사용하면 좋다. 레비스는 자신의 저서 《잠언과 교훈》에서 '되풀이한다는 것은 세밀한 사항까지 이해시킨다는 것이다'라고 설명했다. 정보를 반복적으로 접하고 검토함으로써 표면적인 이해를 넘어 깊고 세부적인 부분까지 파악하고 습득하게 된다는 의미다. 새로운 개념이나 복잡한 주제를 스피치에 적용할 때, 한 번 듣는 것만으로는 모든 뉘앙스나 세부 사항을 파악하기 어렵다. 반복적으로 소리 내어 말함으로써 학습자는 정보를 강화하고 약점을 보완하여 주제에 대한 완전한 이해를 하게 된다. 인간은 두 개의 귀와 단 한 개의 혀를 가지고 있다. 이것은 들은 말의 반만 반복하라는 것을 가르치는 것이다. 반복의 힘을 믿어야 한다.

수사학에서 말과 글을 반복하여 극적인 효과를 올리는 방법은 크게 4가지다. 첫째는 첫말을 반복하는 방식의 아나포라(Anaphora), 둘째는 끝말을 반복하는 방식의 에피스트로페(Epistrophe), 셋째는 중간 말을 반복하는 방식의 연쇄법 아나디플로시스(Anadiplosis), 넷째는 뿌리가 깊은 말을 반복하는 방식의 폴립토(Polyptoton)가 그것이다.

아나포라는 같은 단어나 구를 여러 문장이나 절의 시작 부분에 사용해 모든 내용을 긴박하고 극적이며, 심지어 감동적으로 들리게 만드는 교묘한 기법이다. 이 기법은 음악, 문학, 연설, 심지어 일상적인 글쓰기까지 다양한 형태로 활용할 수 있다. 가장 효과적인 아나포라는 세 번의 반복을 사용하는데, 이는 지루해지지 않으면서도 패턴과 리듬을 형성하기에 충분하다. 반복은 익숙한 패턴을 만들어 주의를 집중시키며, 청중이 아이디어를 더 빠르게 이해하도록 돕는다. 아나포라는 시작 부분의 발언이나 문장을 일관되게 유지하면서 끝부분을 다양하게 바꿀 때

대통령의 스피치

가장 효과적이다.

① 그것은 가장 좋은 시절이었고, 그것은 가장 나쁜 시절이었다.

② 싸우는 게 지쳤어… 추워… 어린아이들이 얼어 죽을 지경이야…

③ 우리는 해변에서 싸울 것이며, 우리는 상륙 지대에서 싸울 것
이며, 우리는 들판과 거리에서 싸울 것이다.

①은 찰스 디킨스의 《두 도시 이야기》에 나오는 문장이다. '그것은'을 반복함으로써 두 상반된 생각이 나란히 배치되어 듣는 사람이 당시의 긴장감을 느낄 수 있게 한다. ②는 조셉 추장의 항복 연설 중에서 나왔다. 반복되는 말줄임표는 지치고 부서진 듯한 소리를 내며 고통과 피로를 드러낸다. ③은 처칠 전 수상의 연설 중 발언한 내용이다. '우리는 싸울 것이다'를 반복하는 것은 강한 결의를 보여 주며 청중의 사기를 진작 시킨다.

작가나 연설자들은 언어의 이해를 용이하게 하고, 기억에 남게 하며, 감정적으로 더 강렬하게 만들기 위해 아나포라를 사용한다.

아나포라의 장섬은 3가시다. 첫째, 아이디이를 더 섭게 처리할 수 있게 한다. 인간의 뇌는 노력을 절약하기 위해 패턴을 찾는다. 아나포라는 뇌에 바로 그런 패턴을 제공한다. 시작 구조가 반복되면 뇌는 문법을 재분석하는 것을 멈추고 의미에만 집

중한다. 둘째, 긴 글이나 감정적인 글에서 청중의 주의를 집중시킨다. 아나포라는 정신적 체크포인트 역할을 한다. 반복될 때마다 청중을 다시 끌어당긴다. 셋째, 메시지가 더 설득력 있게 느껴지게 한다. 반복되는 구조는 안정감과 확신을 주며, 익숙함은 신뢰를 쌓는다.

에피스트로페는 끝말을 반복하는 수사법이다. 문장의 마지막 단어나 구절을 반복하여 운율을 형성하고 메시지를 강조하는 효과가 있다. 또한 에피스트로페는 여러 행의 끝에 동일한 구절이 연속적으로 반복되는 수사적 기법이다. 이 장치는 주요 아이디어를 강조하고 감정을 불러일으키기 위해 저명한 인물들에 의해 사용되어 왔다.

악을 보지 말고, 악을 듣지 말고, 악을 말하지 말라.
우리는 평화를 원합니다. 우리는 평화가 필요합니다. 우리는 평화를 요구합니다.

에피스트로페의 전형적인 문장들이다. '우리는'을 활용하여 아나포라도 적용하고 있지만 '~말고'와 '~합니다'의 종결형 어미를 활용하여 결론으로의 강조를 이끌고 마무리 지점을 형성해 에피스트로페를 활용했다. 특히 에피스트로페는 강렬한 표

　　　　　　　　　　　　대통령의 스피치

현이 필요할 때 가장 효과적이다. 설득력과 기억력이 중요한 모든 형태의 의사소통에 걸쳐 나타난다.

잘 활용한 에피스트로페는 억지로 끼워 넣은 듯한 느낌이 아니라 자연스럽게 다가온다. 이는 반복된 구절이 메시지를 명확하고 의미 있게 뒷받침할 때 발생한다. 또한 반복되는 표현은 자연스럽게 이어져야 한다. 에피스트로페를 잘못 사용하면 글이 기계적으로 느껴질 수도 있기 때문이다. 에피스트로페를 향상시키려면 단순히 구조를 넘어 리듬과 단어 선택까지 고려해야 한다.

중간 말을 반복하여 앞 구절의 끝과 뒤 구절의 시작을 잇는 방식은 수사법에서 연쇄법, 혹은 아나디플로시스(Anadiplosis)라고 한다. 문장 사이의 연결고리를 만들어 논리적 흐름을 강화하고, 뿌리 깊은 인과관계를 강조하는 효과가 있다.

생각을 조심하라, 그것은 말이 된다. 말을 조심하라, 그것은 행동이 된다. 행동을 조심하라, 그것은 습관이 된다. 습관을 조심하라, 그것은 인격이 된다. 그리고 인격은 운명이 된다.

프랭크 아웃로의 명언이다. 단어들이 꼬리에 꼬리를 물며 작은 생각이 어떻게 운명까지 연결되는지 강력하게 보여 준다.

벤자민 프랭클린의 사상을 응용한 문장을 만들면 '지식에 투자하는 것이 가장 높은 이자를 지불한다. 이자는 다시 지식을 낳고, 지식은 지혜를 낳는다'로 요약할 수 있다. '승리하면 배울 수 있다. 배우면 성장할 수 있다. 성장하면 다시 승리할 수 있다'는 문장도 성공의 선순환 구조를 중간 말의 반복으로 표현한 것으로 스피치에서 활용도가 높다.

성경 로마서에 나오는 문장을 응용해 보자. '인내를 온전히 이루라. 인내는 시련을 낳고, 시련은 연단을 낳고, 연단은 소망을 낳느니라'는 문장은 고난이 희망으로 변하는 과정을 단계별로 연결한다. '수신제가치국평천하(修身齊家治國平天下)'도 연쇄법의 대표적인 문장이다. 자신을 닦음(수신)이 집안을 돌봄(제가)으로, 그것이 나라(치국)와 천하(평천하)로 확장되는 논리적 연쇄를 담고 있다. '자유가 없으면 질서가 없고, 질서가 없으면 평화가 없다'라는 문장도 연쇄법이 적용된 셈이다. 핵심 가치들 사이의 필수 불가결한 관계를 단어의 반복을 통해 강조한다. 이러한 연쇄법은 문장의 마디마디를 단단하게 결합시킨다. 듣는 사람에게 거부할 수 없는 논리적 필연성을 느끼게 하는 것이다.

뿌리가 깊은 말을 반복하는 방식은 폴립토(polyptoton)이다. 폴립토 수사법이 사용된 가장 대표적인 한국 명언은 조선시대

　　　　　　　　　　　　대통령의 스피치

의 건국을 찬양하는 노래인 《용비어천가》 2장의 첫 구절이다. '뿌리 깊은 나무는 바람에 아니 뮐세, 꽃 좋고 여름 하나니'라는 문장은 '뿌리가 깊은 나무는 바람에 흔들리지 않으므로, 꽃이 좋고 열매가 많으니'라는 문장으로 해석하면 된다. 이 구절은 '뿌리'라는 개념을 반복하거나 직접적으로 여러 번 언급하지는 않지만, 이어지는 대구인 '샘이 깊은 물은 가뭄에 아니 그칠새, 내히 이러 바다에 가나니'와 함께 '깊은 뿌리'와 '깊은 샘'이라는 유사한 구조와 의미를 반복하며 조선 왕조의 튼튼한 기틀과 영원한 번영을 기원하는 내용을 담고 있다.

'뿌리가 깊은 말'이라는 표현은 같은 어근을 가진 단어를 다른 어형(격, 시제, 성 등)으로 반복하여 의미를 강조하는 방식이다. '사랑하는 법을 배우기 위해서는 사랑해 보아야 한다'는 니체의 명언은 '사랑'이라는 어근을 명사와 동사로 반복하여 실천의 중요성을 강조한다. '용기 있는 자만이 진정으로 용기를 낼 수 있다'는 문장도 용기라는 상태가 행동으로 이어지는 인과관계를 보여 준다.

① 변화하지 않는 유일한 것은 모든 것이 변화한다는 사실뿐이다.

② 생각하는 대로 살지 않으면, 사는 대로 생각하게 된다.

변화와 성장에 관한 명언들이다. ①은 헤라클레이토스의 명언인데 '변화'를 명사와 동사로 반복하여 세상의 변하지 않는 진리를 역설적으로 표현한다. ②는 폴 부르제의 명언이며, '생각'과 '살다'를 교차 반복하여 주체적인 삶의 태도를 강조하는 방법으로 스피치에 활용하면 좋다.

①사람이 도를 넓히는 것이지, 도가 사람을 넓히는 것이 아니다.(人能弘道, 非道弘人)
②군군은 군군답게, 신신은 신신답게(君君 臣臣 父父 子子)

고전적 지혜를 담은 《논어》 및 한문 문구인데 폴립토가 적용된 표현이다. ①은 '사람'과 '도', '넓히다'를 반복 배치하여 인간의 주체성을 강조했다. ②는 명사를 중첩해 각자의 위치에서 본분을 다해야 함을 깊게 전달한다.

'꿈을 꾸는 자만이 그 꿈을 닮아간다'는 문장도 '꿈'이라는 어근을 반복하여 목표와 자아의 일치성을 설명한다. '믿음은 믿는 자에게만 그 믿음의 증거를 보여준다'는 표현도 믿음의 본질적인 순환 구조를 강조하여 폴립토를 잘 활용한 문장이다. 이러한 방식의 문장들은 같은 단어의 뿌리(어근)를 반복함으로써 논리적 일관성을 주고, 말을 듣거나 글을 읽는 사람의 기억에 강렬한 인상을 남긴다.

한국 대통령들의 반복법 스피치

우리나라 역대 대통령들은 연설에서 특정 문구나 구조를 반복하여 메시지를 강력하게 전달하거나 논리적인 인과관계를 강조하는 수사법을 자주 활용했다. 주요 대통령들의 발언 중 반복법이 돋보이는 사례를 살펴보자.

연쇄법과 인과적 반복을 활용한 경우인데, 문장의 끝 단어를 다음 문장의 시작으로 연결하여 필연성을 강조하는 방식이다.

> 뭉치면 살고, 흩어지면 죽는다.
>
> — 이승만

> 통합은 유능의 지표이며, 분열은 무능의 결과입니다.
>
> — 이재명, 2025년 취임사

이승만은 '뭉침→삶', '흩어짐→죽음'이라는 대조적인 인과 구조를 반복하여 국민적 단결의 절박함을 깊게 각인시켰다. 이재명 대통령은 '통합'과 '분열'을 대치시키고 그 결과를 명확히 규정하는 구조를 반복하여 국정 운영의 핵심 가치를 강조했다.

구절의 반복을 통해 가치를 강조하는 연설은 노무현과 문재인 전 대통령의 연설에서 찾아볼 수 있다. 동일한 문장 구조나 단어를 반복하여 정책적 의지나 시대정신을 선포하는 방식이다.

> 특권과 반칙이 없는 세상, 원칙과 신뢰가 지켜지는 사회.
>
> — 노무현, 연설 중에서

> 기회는 평등할 것입니다. 과정은 공정할 것입니다. 결과는 정의로울 것입니다.
>
> — 문재인, 연설 중에서

노무현 전 대통령은 '~가 없는', '~가 지켜지는' 식의 병렬 구조를 반복하여 그가 지향했던 정의로운 사회상을 구체화했다. 문재인 전 대통령은 '~할 것입니다'라는 미래형 문장을 삼중으로 반복하여 국정 운영의 3대 원칙을 리듬감 있고 단호하게 전달했다.

상징적이거나 뿌리가 깊은 단어의 반복, 즉 폴립토적 방식은 박근혜 전 대통령과 이재명 대통령의 연설에서 찾아볼 수 있다.

핵심 키워드를 문맥에 따라 변형하거나 반복 배치하여 의미를 심화하는 방법이다.

> 경제 활성화를 위해… 경제 혁신을 통해… 경제 민주화를…
>
> — 박근혜, 연설 중에서

> 특별한 희생에는 특별한 보상이 주어져야 합니다.
>
> — 이재명, 2025년 현충일 추념사 중에서

박근혜 전 대통령은 연설 전반에 걸쳐 '경제'라는 단어를 집요하게 반복 배치함으로써 국정의 최우선 순위가 무엇인지를 각인시키는 방식을 취했다. 이재명 대통령은 '특별한'이라는 형용사를 반복 사용하여 국가를 위한 헌신과 그에 따른 보상의 등가성을 강조했다. 이러한 반복법은 대통령의 메시지가 단순한 구호를 넘어 하나의 확고한 철학으로 국민에게 전달되도록 돕는 핵심 수사학 도구로 활용된다.

미국 대통령들의 반복법 스피치

미국 대통령들은 연설의 추진력과 도덕적 명확성을 확보하기 위해 문장의 첫머리를 반복하는 서두 반복법 아나포라를 즐겨 사용했다.

우리는 이 땅을 봉헌할 수 없습니다. 우리는 이 땅을 성스럽게 할 수 없습니다. 우리는 이 땅을 신성하게 할 수 없습니다. (이곳에서 싸운 용사들이 이미 그렇게 했기 때문입니다.)

— 링컨, 게티즈버그 연설 중에서

양측 모두 우리를 갈라놓는 문제들을 점검하는 대신, 우리를 하나로 묶는 문제들을 찾아봅시다. 양측 모두 처음으로 무기 통제를 위한 진지하고 정교한 제안을 공식화합시다.

— 케네디, 1961년 취임사 중에서

두려움을 극복하기 위해 노력하자, 두려움을 초월하자, 두려움에도 불구하고 행동하자.

— 루스벨트, 첫 취임 연설 중에서

희망은 결핍 속에 있는 희망입니다. 희망은 보이지 않는 곳
에 있는 희망입니다. 희망은 더 나은 날이 올 것이라는 믿음
입니다.

— 오바마, 취임사 중에서

함께, 우리는 미국의 진로를 결정할 것입니다. 함께, 우리
는 일자리를 되찾아올 것입니다. 함께, 우리는 국경을 되찾
아올 것입니다.

— 트럼프, 2017년 취임사 중에서

링컨은 게티즈버그 연설에서 '우리(We)'를 문두에 반복 배치
하여 국가적 통합과 결의를 다졌다. 인간의 힘보다 숭고한 희생
의 가치를 대조적으로 부각했다. 케네디는 1961년 취임사에서
'양측(Both sides)'이라는 표현을 반복하며 냉전 시대의 평화와
협력을 호소했다. 대립하던 양 진영에 동일한 책임과 행동을 촉
구하는 균형 잡힌 리듬감을 형성했다.

루스벨트는 문장의 저음에 '두려움'을 앞세워 극복의 의지를
다졌다. 오바마는 2004년 전당대회 연설과 취임사에서 '희망'
과 '우리는 ~할 수 있다'를 반복해 추상적인 가치인 '희망'에 구
체적인 생동감을 불어넣었다. 트럼프는 2017년 취임사에서 '함

께(Together)'를 반복하며 지지층의 결속을 강조했다. 행동의 주체가 국민(지지자)임을 명확히 하며 강력한 추진력을 표현한 것이다. 이러한 첫말 반복법은 청중이 메시지의 핵심을 쉽게 기억하게 만들며, 연설자의 확신과 의지를 단호하게 전달하는 도구로 쓰인다.

미국 대통령들은 연설의 끝부분을 동일하게 반복하여 여운을 남기고 신념을 강조하는 종결형 어미 반복법인 에피스트로페도 자주 사용했다. 미국의 역사적 전환기마다 이 방식을 사용하여 청중의 가슴에 강력한 마침표를 찍었다.

> 흑인 문제는 존재하지 않는다. 남부 문제는 존재하지 않는다. 북부 문제는 존재하지 않는다. 오직 미국의 문제만이 존재할 뿐이다.
>
> — 존슨, 연설 중에서

> 우리는 독재에 반대하여 일어났습니다. 우리는 억압에 맞서 일어났습니다. 우리는 자유를 수호하기 위해 일어났습니다.
>
> — 루스벨트, 연설 중에서

냉소주의자들이 우리가 할 수 없다고 말할 때, 우리는 대답
했습니다: Yes, we can. 기회가 부족하다고 느낄 때, 우리는
외쳤습니다: Yes, we can. 희망이 보이지 않을 때조차 우리
는 믿었습니다: Yes, we can.

— 오바마, 연설 중에서

존슨은 '흑인', '남부', '북부'의 문제는 존재하지 않고 '미국'
의 문제만 존재한다는 화합의 의미를 강조한다. 그런데 말의 끝
을 '~이 존재하지 않는다'를 3번 반복한 뒤, '~이 존재할 뿐이
다'라고 마무리해 에피스트로페 방식의 주목도를 높였다. 루스
벨트는 제2차 세계대전 당시 민주주의의 가치를 수호해야 함
을 강조하며 이 방식을 사용했다. '~를 위해 일어났다'는 끝맺
음을 반복하여 국가적 결의와 행동의 통일성을 보여주었다. 오
바마는 2008년 대선 당시, 불가능해 보이는 변화를 강조하기
위해 슬로건을 문장 끝에 반복 배치했다. 'Yes, we can'이라는
구절을 반복적으로 마침표처럼 찍어 줌으로써 청중에게 확신
과 리듬감을 동시에 전달했다. 이처럼 끝말 반복법은 앞선 설명
들을 하나의 결론으로 수렴시키는 힘이 있어, 연설자가 전달하고
자 하는 최종 가치를 청중의 기억 속에 오래 남게 만든다.

또 미국의 대통령들은 아나디플로시스 방식, 문장의 끝 단어

를 다음 문장의 시작으로 연결하여 논리적 필연성과 인과관계
를 강조하는 연쇄법을 사용했다.

> 우리의 슬픔은 분노로 변했고, 분노는 결의로 변했습니다.
>
> — 부시, 9·11 테러 이후 연설 중에서

> 우리 자신에게 진실하기 위해서, 우리는 타인에게 진실해
> 야 합니다.
>
> — 카터, 취임 연설 중에서

부시는 9·11 테러 이후 연설에서 국민의 감정이 결의로 변
하는 과정을 연쇄법으로 표현했다. '분노'라는 단어를 앞 문장
의 끝과 뒤 문장의 시작에 배치하여, 비극적인 사건 이후 미국
사회가 나아가야 할 심리적·논리적 단계를 강조했다. 카터는
취임사에서 자신과 타인에 대한 태도의 연결성을 강조하며 이
수사법을 사용했다. '진실하다'라는 표현을 반복하여 개인 윤리
와 국가적 외교 윤리가 분리될 수 없음을 시사했다. 이러한 중
간말 반복(연쇄법)은 듣는 이로 하여금 연설자의 논리가 끊어지
지 않고 하나로 연결되어 있다는 인상을 주며 메시지에 강력한
추진력을 더한다.

 대통령의 스피치

아울러 미국 대통령들은 같은 단어나 어근을 변형하여 반복함으로써 메시지의 정당성과 깊이를 강조하는 폴립토 수사법을 활용했다.

> 시도했다가 실패하십시오, 하지만 시도하는 것 자체에 실패하지는 마십시오.
>
> — 제퍼슨, 연설 중에서
>
> 우리는 서로 동의하지 않을 수는 있지만, 그렇다고 불쾌해질 필요는 없습니다.
>
> — 오바마, 연설 중에서

제퍼슨은 '실패(fail)'라는 단어를 결과와 과정의 측면에서 각각 반복하여 끊임없는 도전을 강조했다. 오바마는 정치적 견해차를 인정하면서도 태도의 중요성을 강조할 때 이 수사법을 즐겨 사용했다. '동의하지 않다'와 '불쾌한'의 어근을 연결하여 성숙한 민주주의의 태도를 역설했다. 이러한 뿌리 깊은 반복법(폴립토)은 하나의 단어를 다양한 품사나 시제로 변주함으로써 문장에 논리적 리듬감을 주고, 연설자가 전달하려는 핵심 가치를 청중의 뇌리에 깊숙이 각인시키는 효과가 있다.

12

말하는 태도를 바꾸는 연습

다면 묘사의 전략

다시, 스피치는 태도다

태도는 인생의 방향을 결정하고, 문제 해결 능력과 심리적 회복력을 높이며, 타인과의 관계와 조직 성과에 큰 영향을 미치기 때문에 매우 중요하다. 또한 태도가 중요한 이유는, 같은 상황이라도 태도에 따라 다르게 해석하고 다르게 반응하며, 그 결과 또한 달라지기 때문이다. 배우려는 태도, 경청하는 태도, 겸손한 태도는 타인에게 신뢰를 주고 긍정적인 관계를 형성하는 기반이 된다. 특히 정치권에서는 신인과 베테랑을 가리지 않고 논리적이고 전문성이 뛰어난 인물이라 하더라도, 사람이나 일을 대하는 태도에 문제가 있어 위기에 빠지는 경우가 많다.

정치인에게 태도는 리더십의 핵심이자 유권자의 신뢰를 얻는 결정적 요소다. 유권자들은 정치인의 능력이나 공약뿐만 아니라 그들의 자세와 태도를 통해 인성, 책임감, 진정성을 판단한다. 결국 긍정적이고 책임감 있는 태도는 좋은 이미지로 이어져 유권자의 지지를 얻는 데 중요한 영향을 미친다. 특히 다양한 배경과 요구를 가진 유권자들에게 귀 기울이고 소통하려는 태도는 필수다. 진정성 있게 공감하는 태도는 유권자와의 정서적 유대를 형성하고, 이는 결국 지지 기반을 강화시킨다.

정치인들은 스피치로 시작해서 스피치로 끝난다. 정치인뿐만 아니라 일반인에게도 스피치는 중요하다. 그 사람의 말과 글이 곧 자신의 얼굴이고, 인성이며, 품격이기 때문이다. 고(故) 노회찬 의원은 '비유의 연금술사', '촌철살인의 대가'로 불리며 한국 정치사에 길이 남을 수많은 어록을 남겼다. 그의 스피치에서 눈여겨봐야 할 점이 바로 태도다.

노회찬 의원은 보기 드물게 스피치에 능한 사람이었다. 그는 평소에 자신이 비유하거나 거론했던 말들을 목록으로 만들어 보관했던 것으로 알려졌다. 스피치의 달인이 된 이유였다. 그의 정치적 태도는 촌철살인의 언어 구사, 약자를 향한 진정성 있는 자세, 그리고 기득권 정치에 대한 날카로운 비판으로 요약된다. 그는 2004년 민주노동당 비례대표로 처음 국회에 입성했을 당시 TV 토론회에서 한국 정치를 '50년 동안 똑같은 불판에 삼겹

살을 구워 고기가 타버린 것'에 비유하며 정치 혁신이 필요하다고 역설했다. 이 발언은 당시 거대 양당 중심의 낡은 정치 구도를 통렬하게 비판하며 국민들에게 깊은 인상을 남겼고, 그의 대표적인 어록으로 회자된다. 남을 공격하되 상대가 기분 나쁘지 않게 배려하고, 함께 듣는 이가 쉽게 이해하고 공감할 수 있는 비유를 활용한 셈이다.

2018년 고위공직자범죄수사처(공수처) 설치를 반대하던 당시 자유한국당을 향해 던진 메시지는 '모기들이 반대한다고 에프킬라 안 삽니까?'라는 질문이었다. 토론회에서 소수 정당의 가치를 폄훼당할 때 그가 던진 메시지는 '민주당 밥상에 거위 간도 있고 돼지 간도 있는데 왜 벼룩의 간(진보정당 지지율)까지 먹으려 합니까?'라는 표현이었다. 풍자를 통한 그의 비판은 상대의 논리를 반박하되 상대를 배려하는 태도가 반영된 바람직한 스피치의 전형이다.

다면 묘사로 설득하는 노회찬 스피치

다면 묘사(Multifaceted Description)란 대상이 지닌 다양한 측면이나 복잡한 성격을 여러 각도에서 구체적이고 생생하게 그

려내는 기술로, 스피치에서는 필수다. 단순한 '설명'이 정보 전달에 그친다면, 묘사는 듣는 이의 머릿속에 의도한 인상이 떠오르도록 감각적으로 재현하는 행위다.

다면 묘사의 핵심 개념은 다각적 접근, 복잡성의 시각화, 사실적·입체적 재현이다. 다각적 접근은 하나의 대상을 단편적으로 보지 않고 외양(모습), 행위(동작), 정서(감정), 사회적 관계 등 여러 층위에서 동시에 포착해야 한다는 점이다. 복잡성의 시각화는 복잡하거나 다층적인 이슈를 다룰 때, 그 뒤에 얽힌 여러 요인을 구체적인 장면으로 변환하여 대중이 직관적으로 이해할 수 있게 도와야 한다. 사실적·입체적 재현은 빛의 방향이나 질감까지 분석하는 정밀 묘사처럼, 대상의 세부 특징을 세밀하게 나열하여 실제와 같은 현실감을 제공해야 한다.

정치나 연설에서 다면 묘사가 강력한 이유는 단순히 주장하는 것이 아니라 '보여주기(Showing)'이기 때문이다. 관찰자의 감각(오감)에 호소함으로써 청중이 마치 그 현장에 있는 것 같은 체험을 하게 만든다. 잘 알려지지 않았거나 소외된 대상의 삶을 구체적인 시간, 공간, 수치와 함께 묘사하여 그 존재감을 입체적으로 부각하는 장점도 있다. 다면 묘사는 묘사된 내용이 구체적일수록 논리적 반박보다 정서적 동의를 얻기 쉬워지며, 이는 고도의 설득 기술로 작용한다. 결국 다면 묘사는 '대상에서 받은 인상을 입체적이고 감각적으로 재현하여 청중의 머릿속에 하나의 선명한 세계를 구축하는 일'이어서 스피치에서 강력한 무기가 된다.

다면 묘사를 통한 설득의 단계별 구조는 다음과 같다.

식별(Identify): 묘사할 대상이나 핵심 아이디어를 선정

묘사(Describe): 오감을 자극하는 세부사항 나열

탐구(Explore): 그 묘사가 갖는 사회적·윤리적 의미 노출

분석(Analyze): 문제의 중요성 논리적 연결

제안(Assess/Action): 변화를 위한 구체적 행동 촉구

노회찬 의원이 남긴 어록을 살펴보면 그의 다면 묘사는 단순히 사실을 전달하는 것을 넘어, 청중의 감각과 이성을 동시에 자극하여 깊은 공감을 끌어내는 고도의 전략이었다.

첫째, 노회찬의 스피치는 구체적인 수치와 감각의 결합(로고스 + 파토스)을 시도했다. 단순히 '고생하는 노동자가 많다'고 말하지 않고, 청중의 머릿속에 그림이 그려지도록 시간, 장소, 행동을 입체적으로 묘사했다.

둘째, 그의 스피치에는 보이지 않는 것을 시각화하는 작업이 뒤따랐다. 대상을 다각도에서 조명하되, 그들이 사회적으로 어

떻게 지워지고 있는지 대비시킨 것이다. 그가 표현한 '태어날 때부터 이름이 있었지만, 그 이름으로 불리지 않는 사람들'이라는 묘사는 청중에게 도덕적 부채감과 공감을 동시에 불러일으켰다.

셋째, 그의 스피치는 일상적 비유를 통해 복잡한 문제를 단순화했다. '삼겹살 불판'이나 '에프킬라' 같은 일상적 소재를 사용한 것이 그 예다. 이는 전문 용어를 배제하고 청중의 눈높이에서 문제의 본질을 직관적으로 이해하게 만드는 '메타포(Metaphor)' 전략이다.

노회찬의 스피치 방식은 사실을 나열하는 것이 아니라, 사실이 숨 쉬는 현장을 청중의 눈앞으로 가져오는 것이었다. 이는 청중이 스스로 결론에 도달하게 만드는 가장 강력한 설득 기술이다.

노무현과 이재명의 다면 묘사

우리나라 역대 대통령의 연설 중 '다면 묘사'를 활용해 대중의 마음을 움직인 대표직 사례는 노무헌 진 대통령의 연설에시 두드러진다. 그는 단순히 정책이나 논리를 나열하는 것이 아니라, 상황을 입체적으로 묘사하고 청중의 감각을 자극하는 화법을 즐겨 사용했다. 복잡한 국가 현안이나 자신의 정치적 신념을

설명할 때, 청중이 현장을 생생하게 느끼게 하거나 인물의 심리
를 다각도에서 묘사하는 방식으로 대중을 설득했다.

① 미국이 주머니에 손 넣고 '나는 나갑니다' 하면 다들 까
무러치는 판인데…
② 600년 동안… 권력에 맞서서 당당하게 권력을 쟁취하는
역사를 갖지 못했습니다. 우리 어머니들은 자식들에게 말
했습니다. '야 이놈아, 계란으로 바위 치기다. 가만히 있어
라.'
③ 독도는 우리에게 단순한 조그만 섬이 아니라, 우리 민족
의 고통스러운 역사가 뚜렷하게 새겨진 역사의 땅입니다.

①은 노무현 전 대통령이 전시작전통제권 환수를 반대하는
군 원로들과 보수 진영을 설득하기 위해 사용한 표현으로, 한미
관계의 비대칭성을 신체 동작과 일상적 행위로 묘사했다. 단순
히 '의존적 외교'라고 말하지 않고, 미국이 '주머니에 손을 넣는'
동작을 직접 취하며 묘사한 것이다. 이는 한국이 스스로 안보를
책임지지 못하고 미국의 눈치만 보는 상황을 시각적으로 극대화
하여 '부끄러운 줄 알아야 한다'는 강력한 메시지로 연결되었다.
②는 노무현 전 대통령이 2001년 대선에 출마하면서 선언한

내용으로, 한국 근현대사를 '기회주의가 승리한 역사'로 규정하며 평범한 부모들이 자식에게 가르치는 내면의 갈등을 입체적으로 묘사했다. 거대 역사를 거창한 용어로 설명하는 대신, 어머니가 자식에게 건네는 속삭임이라는 사적이고 일상적인 장면을 선택한 것이다. 이를 통해 청중 개개인이 가슴 속에 품고 있던 비겁함과 정의감이라는 '다면적인 감정'을 건드려 정의로운 세상을 향한 갈망을 끌어냈다.

③은 노무현 전 대통령의 2006년 한일관계 특별담화에서 나온 표현이다. 독도 문제를 단순한 영토 분쟁이 아닌 '역사적 침탈의 과정'으로 다각도에서 묘사했다. 독도를 지리적 대상이 아니라 우리 민족의 '한과 상처'가 새겨진 상징물로 묘사함으로써, 일본의 도발을 단순히 영토에 대한 위협이 아닌 대한민국 주권의 근간에 대한 부정으로 인식하게끔 대중의 분노와 의지를 결집시켰다.

이재명 대통령도 다면 묘사의 대가다. 복잡한 정책이나 정치적 쟁점을 대중의 일상적 삶과 결부하여 '손에 잡히는 이미지'로 묘사하는 데 탁월한 능력을 보여 왔다. 그는 특히 숫자로 된 통계보다 청중이 처한 구체적 상황을 다각도에서 묘사해 효능감을 자극하는 방식을 사용했다.

① 지역화폐로 지급된 기본소득은 단순히 돈 몇만 원이 아
닙니다. 동네 골목 어귀 단골 식당의 꺼져가던 불을 켜
는 일이고, 엄마 손을 잡고 시장에 나온 아이의 손에 과
일 한 봉지가 들리게 하는 일입니다.

② 수십 년간 특정인들이 장악했던 계곡은 이제 평상을 걷
어내고 맑은 물소리만 남았습니다. 아이들이 마음 놓고
발을 담그고, 서민들이 돗자리 하나 펴고 쉴 수 있는 그
당연한 권리를 돌려드린 것입니다.

이재명 대통령이 성남시장과 경기도지사 시절에 발언했던
표현들이다. 이재명 대통령은 경제 정책을 설명할 때 거시적 지
표 대신 가계의 영수증과 시장의 풍경을 묘사하여 설득했다.

①은 '경제 활성화'라는 추상적 단어를 '식당의 불빛', '아이
손의 과일 봉지'와 같은 시각적·감각적 장면으로 묘사했다. 정
책이 개인의 삶을 어떻게 바꾸는지 입체적으로 느끼게 하는 다
면 묘사다.

②는 행정적 성과를 홍보할 때도 법적 근거보다 변화된 현
장의 모습을 다각도에서 묘사하는 방식을 취했다. '불법 시설
물 철거'라는 딱딱한 행정 용어를 '물소리', '아이들의 발', '돗
자리' 같은 평화로운 일상의 묘사로 치환하여 행정의 정당성을

   대통령의 스피치

확보했다.

이재명식 다면 묘사의 특징은 현장 중심성, 대비의 극대화, 언어의 일상화로 요약할 수 있다. 현장 중심성은 이론적 논쟁보다 실제 현장에서 벌어지는 일을 묘사하는 데서 드러난다. 대비의 극대화는 강자와 약자, 과거와 미래의 모습을 극적으로 대비시켜 메시지를 선명하게 만든다. 언어의 일상화는 전문 용어를 배제하고 시장통이나 골목길에서 쓰이는 쉬운 언어로 청중의 머릿속에 그림을 그려 주는 방식이다. 이러한 다면 묘사 화법은 청중으로 하여금 '내 문제를 정확히 알고 있다'는 느낌을 받게 하며, 강력한 정치적 팬덤과 설득력을 형성하는 핵심 동력이 된다.

미국 대통령들의 다면 묘사

미국 대통령들의 연설을 살펴보아도 다면 묘사의 기능을 적극 활용한 사례가 많다.

케네디는 1961년 취임 연설에서 '세대교체'와 '냉전의 긴장'이라는 추상적 개념을 감각적인 대비와 역사적 상징물로 묘사했다. '횃불이 새로운 세대의 미국인에게 전달되었습니다'라는 표현을 통해 리더십의 교체를 시각적으로 묘사했다. 또한 핵무기를 '인류를 집어삼킬 어둠의 파괴력'으로, 가난을 '질병과 싸우는 고통의 사슬'로 묘사하여 긴박감을 주었다. 청중이 새 시대를 '밝은 빛(횃불)'으로, 당면한 위기를 '어둠'으로 극명하게 인식하도록 하여 국가적 사명에 동참하도록 유도했다는 평가다.

레이건은 참사의 슬픔을 역사적 서사와 종교적 경외감으로 승화시키는 다면 묘사를 사용했다. 1986년 챌린저호 참사 추모 연설에서 우주비행사들을 단순한 '희생자'가 아닌, 거친 바다를 개척했던 '영국 탐험가 프랜시스 드레이크'와 같은 '개척자'로 묘사했다. 특히 연설 마지막에 그들이 지상을 떠나 '하나님의 얼굴을 만졌다'는 시적 표현을 사용하여 비극을 영광스러운 장면으로 전환했다. 상실감에 빠진 국민들에게 비극적인 죽음이 인류 진보의 숭고한 과정임을 각인시켜, 우주 탐사 지속에 대한 지지를 이끌어 냈다.

루스벨트는 대공황의 공포를 실체가 있는 '적'처럼 묘사하여 국민적 투지를 결집했다. 경제 위기를 단순히 '불황'이라 부르는 대신 '전쟁의 비상상황'에 비유하며 자신에게 '적을 침공할 때 필요한 수준의 강력한 행정 권한'을 달라고 요청했다. '우리가 두려워해야 할 유일한 것은 두려움 그 자체'라는 문장은 공포를 실체화된 관찰 대상으로 만들었다. 보이지 않는 경제적 고통을 '전쟁터의 적'으로 다면 묘사함으로써 국민이 수동적인 피해자가 아니라 능동적인 전사로서 뉴딜 정책을 수용하게 했던 것이다.

부시는 국가적 재난 상황을 감각적 이미지로 재현하며 단결을 호소했다. '건물 안으로 돌진하는 비행기, 타오르는 불길, 거대한 구조물의 붕괴'와 같은 장면을 구체적으로 나열한 뒤, 이를 '사악하고 비열한 행동'과 대비시켰다. 참혹한 시각적 기억을 '악과의 투쟁'이라는 도덕적 프레임과 연결하여, 이후 전개될 테러와의 전쟁에 대한 즉각적인 국민적 결속을 확보했다.

오바마는 2009년 취임 연설에서 국가적 위기 극복을 강조하며 다면 묘사를 활용했다. 경제 위기 속에서 치러진 취임식에서 그는 독립 전쟁 당시의 모습을 다음과 같이 묘사해 국민의 인내를 호소했다.

미국이 탄생하던 해, 가장 추운 달에, 한 무리의 애국자들이 얼어붙은 강가에서 꺼져가는 모닥불 주위에 모여 있었습니다. 수도는 버려졌고, 적은 진격해왔으며, 눈은 피로 물들어 있었습니다.

오바마는 현재의 경제적 고통을 건국 당시의 극한 상황에 비유하며 '피 묻은 눈'과 '꺼져가는 불꽃' 같은 감각적 이미지를 통해 국민이 역사적 사명감을 느끼고 위기 극복에 동참하자고 강조했다.

그는 로자 파크스 추모 연설에서는 민권 운동의 상징인 로자 파크스를 기리며, 그녀의 행동이 가져온 변화를 운동의 역동성으로 묘사했다. '비가 오나 눈이 오나, 찌는 듯한 더위 속에서도, 발에 물집이 잡히고 하루 종일 일해 지친 몸을 이끌고도, 존엄을 위해 수 마일을 걸었던 사람들'의 모습으로 표현했다. '평등'이라는 단어 대신 '물집 잡힌 발'과 '지친 몸'이라는 육체적 고통을 다면적으로 묘사하여 오늘날 누리는 자유가 얼마나 처절한 인내의 결과인지 시각적으로 각인시켰다. 오바마의 다면 묘사는 단순히 화려한 수사가 아니라, 청중이 그 풍경 속에 들어가 직접 보고 느끼게 함으로써 이성적 판단 이전에 정서적 동의를 끌어내는 강력한 도구였다.

트럼프의 연설은 세밀하고 문학적인 묘사보다는, 청중의 공포·분노·자부심이라는 감각을 바로 자극하는 '강렬한 이미지의 다면적 나열'에 특화되어 있다. 그는 복잡한 정책 수치 대신, 청중이 머릿속으로 즉시 그려낼 수 있는 '선과 악', '풍요와 몰락'의 풍경을 대비시켜 설득력을 얻었다. 2017년 대통령 취임 연설에서 미국의 참상을 묘사하며 '녹슨 공장들이 우리 조국 전체에 묘지처럼 흩어져 있습니다'라든가, '아이들을 가난에 가

둔 내륙 도시들', '약물과 범죄가 빼앗아 간 너무나 많은 생명'
을 차례로 나열했다. 쇠락한 공업 지대의 풍경을 다각도로 묘사
하여 변화의 필요성을 역설한 것이다.

트럼프는 불법 이민 문제를 다룰 때도 통계 대신 신체적 위
협과 물리적 풍경을 묘사하여 위기감을 고조시켰다. 국경을 '통
제 불능의 열려있는 상처'에 비유하거나, 국경을 넘어오는 범죄
자들을 '야수', '짐승'으로 묘사한다. 동시에 자신이 지을 장벽
은 '크고 아름다운, 뚫을 수 없는 벽'이라고 묘사하며 금속과 콘
크리트의 견고함을 강조했다. 위험은 '피 흘리는 상처'로, 해결
책은 '아름다운 벽'으로 감각적 대비를 이루게 함으로써 복잡
한 이민 행정 문제를 단순한 '보호와 안전'의 문제로 치환해 국
민을 설득했다.

오바마의 다면 묘사가 '타인의 고통에 대한 공감'을 이끌어
내는 부드러운 수채화라면, 트럼프의 다면 묘사는 '위험과 안
전'을 극명하게 갈라놓는 강렬한 유화와 같다. 그는 사물을 아
주 거대하거나(장벽), 아주 처참하게(녹슨 공장) 묘사하여, 청중
의 본능적 반응을 이끌어내는 데 다면 묘사를 비중 있게 활용
했다.

스피치는 누군가의 하루를,
시대의 방향을 바꾼다

생각은 분명했고 논리도 충분했는데, 돌아서면 아무도 그 말을 붙잡지 못하는 순간이 있다. 말은 태어나자마자 사라지는 것 같지만, 어떤 말은 오래 남아 한 사람의 인생을 바꾸고 한 시대의 표정을 바꾼다. 그 차이를 나는 오랫동안 '소리'로 살아오며 붙들고 왔다. 라디오드라마가 오직 소리로만 장면을 세우듯, 스피치는 결국 말의 거죽이 아니라 마음의 밀도로 사람 안에 장면을 남긴다.

이 책의 서문에서 나는 단호하게 말했다. 스피치는 감정의 발산이라고. 다만 그 발산은 제멋대로 터지는 폭발이 아니라, 감정이 길을 얻어 타인에게 닿는 확산이라고. 그래서 발성은 단지 크게 말하는 기술이 아니라, 감정의 농후함이며, '호흡'과

'울림', 문장 끝의 처리와 '쉼'까지, 모든 요소가 감정의 농도를 결정한다는 것이다. 감정이 또렷할 때, 말도 또렷해진다.

대통령의 스피치를 다룬 이유도 거기에 있다. 대통령의 말은 개인의 말이 아니라 공동체의 말이다. 한 국가의 상태를 드러내고 사회의 표정을 규정하며, 위기 속에서 사람들의 호흡을 맞춘다. 그 말이 '분노를 필요한 자리에 두고 폭력으로 흐르지 않게 할 때, 슬픔을 인정하되 무력으로 빠지지 않게 할 때, 희망을 말하되 공허한 낙관으로 속이지 않을 때,' 대통령의 스피치는 '국가적 감정의 윤곽'을 잡아준다.

그리고 정치의 함량은, 말의 내용만이 아니라 몸짓과 태도에서 더 먼저 배어 나온다. 눈빛, 표정, 고개를 끄덕이는 방식, 상대의 말을 듣는 호흡, 마침표 뒤에 남겨두는 침묵, 걸음걸이까지. 정치의 또 다른 언어는 '몸'이라는 말처럼, 지도자의 발걸음과 상흔, 낮춤의 제스처는 그 자체가 메시지가 된다. 몸은 꾸미기 어렵고, 그래서 더 믿기 어렵다. 결국 '통치 스타일'은 연설문 한 장보다, 연설을 끝낸 뒤의 몸짓, 태도에서 선명해지는 경우가 많다.

그래서 유권자로서 대통령을 뽑는 일은 "후보자의 화법을 보면" 의외로 단순해질 수 있다. 화법이 곧 정권의 통치 방식을 보여 주기 때문이다. 위압과 경직은 권력을 위로 세우고, 포용과 경청은 권력을 아래로 내려 공동체를 견고하게 한다. 결국 말이 사람을 움직이는 것이 아니라, 말에 담긴 태도가 사람을 움직이는 것이다.

하지만 이 책이 진짜로 도착해야 할 곳은 '대통령'만이 아니다. '정치인'만도 아니다. 모든 국민이 인식해야 한다. 권력자의 말과 글은 주도권을 장악하고 여론을 형성하며, 때로는 배제와 편 가르기를 통해 권력을 유지하는 도구로 기능한다. 침묵, 단호함, 거친 표현과 조롱까지 동원될 수 있다. 이 언어가 거칠어질수록 사회의 공기는 탁해지고, 국민의 말은 점점 짧아지거나, 더 '말하지 못하는 상태'로 굳어진다.

그래서 스피치는 더더욱 쌍방이어야 한다. 설득의 기술 이전에 공감이 먼저 서지 않으면, 말은 이기기 위한 무기가 되고 만다. 공감은 "자기도 그렇다"고 느끼는 행위이며, 타인의 슬픔·분노·공포를 함께 공유하는 일이다. 공동체의 언어가 공감의 바닥을 잃는 순간, 말은 사실을 전달하지 못해서가 아니라 마음을 다치게 해서 실패한다.

말이 시대를 움직이는 방식도 마찬가지다. 말은 시대를 여는 통로이고, 어떤 말은 봉인된 시대를 푸는 열쇠가 되며, 어떤 말은 굳어진 구조를 깨는 망치가 된다. 때로는 과장과 유머가 갈등을 풀고 유대감을 만드는 매개가 되기도 한다. 유머가 "진정

민주주의적인 것"이라는 말이 과장이 아니라면, 그 유머는 상대를 낮추는 조롱이 아니라, 서로의 숨을 맞추는 지혜여야 한다.

맺는말로 내가 남기고 싶은 결론은 단순하다. 당신의 품격은 스피치로 드러난다. 품격은 학력, 학벌, 직함에서 완성되지 않는다. 상대를 대하는 태도, 질문을 듣는 방식, 반대 의견을 수용하는 호흡, 책임을 인정하는 문장, 침묵을 지키는 순간, 그 모든 것이 말로 구현된다. 그래서 나는 "당신의 품격을 올리려면 스피치 교육을 받아야 한다"고까지 말해 왔다. 그 교육은 누군가를 흉내 내는 일이 아니라, 자기 안의 감정을 정직하게 바라보고 타인에게 닿는 형태로 다듬는 훈련이다.

그리고 그 훈련은 '예의'에서 시작된다. 예의는 화자의 품격과 직결되고, 거만하고 교만한 말에 귀를 기울이는 청자는 없다. 예의는 상대를 세우기 위해 나를 낮추는 기술이 아니라, 공동체의 바닥을 무너지지 않게 받치는 최소한의 약속이다. 우리가 말을 다듬는 이유는 더 근사해 보이기 위해서가 아니라, 더 정확하게 마음을 전달하고, 결국 더 나은 관계, 더 나은 사회를 만들기 위해서이다.

말을 가볍게 쓰는 사회는 결국 사람을 가볍게 대하게 된다. 반대로, 시민 한 사람 한 사람이 자기 말의 온도와 속도와 방향을 훈련하는 사회는, 위기의 순간에도 서로를 덜 다치게 하며

                    대통령의 스피치

앞으로 나아가는 힘을 얻는다. 누군가의 말은 누군가의 하루를 바꾸고, 결국 한 시대의 방향을 바꿀 수 있다. 그 시대를 더 좋은 쪽으로 밀어 올리는 일은 거창한 연단 위에만 있지 않다. 회의실에서, 강단에서, 식탁에서, 그리고 우리가 매일 마주치는 작고 사소한 대화 속에 있다.

그러니 부디, 오늘부터 스스로에게 이렇게 말해 보길 바란다.

"나는 말을 더 잘할 수 있다. 더 따뜻하게, 더 정확하게, 더 품격 있게."

그리고 그 다짐을 연습으로 바꾸어 보길 바란다. 말은 타고나는 재능이 아니라 훈련으로 깊어지는 기술이자 태도이기 때문이다. 우리의 말이 한 단계 격이 올라가는 순간, 우리 삶도, 우리 사회도 함께 격을 높일 수 있을 것이다.

대통령의 스피치

마음을 움직이는 공감 스피치의 힘

초판 1쇄 발행 2026년 2월 4일

지은이 양희문
펴낸이 김현종
기획총괄 배소라 **출판본부장** 안형태
편집 최세정 진용주 황정원 김수진 장진경
디자인 조주희 김연주 **마케팅** 김예리 신잉걸
방송사업·미래전략본부 정태준 문상철 이주리 백범선 남궁주철 김대준

펴낸곳 (주)메디치미디어
출판등록 2008년 8월 20일 제300-2008-76호
주소 서울특별시 중구 중림로7길 4
전화 02-735-3308 **팩스** 02-735-3309
이메일 medici@medicimedia.co.kr **홈페이지** medicimedia.co.kr
페이스북 medicimedia **인스타그램** medicimedia
유튜브 medici_media

© 양희문, 2026
ISBN 979-11-5706-524-0 (03100)